# Contes et Légendes d'Auvergne

Collection dirigée par Elisabeth Gilles Sebaoun

Jean-pierre Siméon

# Contes et Légendes d'Auvergne

NATHAN

# Diable pris qui croyait prendre !

De la neige, ce jour-là, il en était tombé comme jamais. On aurait dit qu'une grande mer blanche avait noyé la vallée de Cheylade. On voyait au loin la tour noire du château d'Apchon, pareille à la proue d'un navire fantôme arrêté dans les glaces.

Antonin était resté dans sa forge à regarder tristement le feu mort. Il est vrai que neige ou pas, il y avait longtemps qu'il n'avait plus d'ouvrage et qu'on n'entendait plus dans son atelier chanter la braise et sonner le fer. Au village, tout le monde aimait Antonin ; il était pauvre mais simple et généreux comme sont souvent les plus pauvres. On l'appelait Bonne Misère. D'ailleurs, il n'avait pas honte de sa misère. Son chagrin, c'était de voir ses enfants maigres et pâles chercher au fond du bol un peu de soupe noire.

C'est à eux qu'il songeait une fois encore, ce jour-là, dans son atelier froid, lorsqu'il lui sembla entendre dehors, troublant le grand silence immobile de la vallée, le bruit d'un attelage. Il vit à travers la fenêtre trois buses qui tournaient dans le ciel vide.

On frappa à la porte. Un homme entra. Un étranger, grand et sec, richement vêtu de moire et d'or. Il fixait Antonin sans mot dire, avec un drôle de sourire. Le diable, oui, c'était le diable qui n'aime rien tant que le malheur : à vrai dire, c'est son métier.

– Bonjour à toi, Bonne Misère, dit-il enfin. Allons, j'ai pitié de toi. Si tu le veux, tu auras de l'ouvrage, beaucoup d'ouvrage, plus que tes bras n'en pourront supporter.

Il se tut un instant puis souffla dans un sourire :

– Donne-moi seulement ton âme.

« Bah, pensa le brave Antonin, que vaut mon âme de toute façon si je laisse mes enfants mourir près de moi ? »

Mais s'il était bon, Antonin n'était pas sot. Puisqu'il fallait finir aux forges du diable, que ce soit le plus tard possible !

– Combien de temps me donnes-tu, diable ?

– Hum... Dix bonnes années d'abondance et de richesse, dix !

– Non, c'est trop peu. Je veux voir mes enfants grandis.

– Je t'aime bien, Bonne Misère, reprit le diable – mais une ombre noire passa dans ses yeux noirs qui disait tout le contraire. Quinze ans, je te donne quinze ans de richesse et d'abondance, quinze !

– Vingt, répliqua Antonin. Vingt, c'est vingt. Ou je garde mon âme et ma misère.

– Va pour vingt, soupira le diable. Signe seulement ici...

Et Antonin signa le papier que le diable lui tendait. Ah, voyez-vous, le méchant tient bien ses promesses quand elles font son affaire. À partir de ce jour, la forge de Bonne Misère devint la plus recherchée du Sancy au puy Mary. On y battait le fer hiver comme été jusqu'au cœur de la nuit. Antonin embaucha des ouvriers et ses enfants, bons apprentis, surent bientôt tenir le soufflet et manier les pinces. Il eût été le plus heureux des hommes s'il n'avait pas dû son bonheur à ce marché conclu un vilain soir d'hiver. En tout cas, la richesse n'avait pas changé son caractère. Antonin gardait le cœur aussi doux que ses bras étaient vaillants.

Un jour, on frappa à sa porte. C'était un voyageur, un vieillard vêtu de peu, fatigué du chemin mais aux manières aimables et dont le visage semblait toujours rire sous sa grande barbe légère comme une neige de Noël. Il demandait qu'on ferrât sa mule. Bonne Misère s'empressa, moins soucieux d'être payé de sa tâche que de rendre service au vieil homme. Il savait ce qu'était la pauvreté et il refusa l'argent qu'on voulait lui donner.

– Allons, dit le voyageur, tu es un brave homme. Je te paierai d'autre façon. Fais deux souhaits et je les exaucerai.

– Eh bien, dit Antonin en riant, je n'ai besoin de rien. Faites seulement que celui qui montera dans mon cerisier n'en puisse descendre sans ma permission et que, sans ma permission, nul qui s'assiéra dans mon fauteuil ne puisse en sortir !

– Fort bien, dit le voyageur, il sera fait à ta volonté.

Et le voilà reparti sur sa mule, riant étrangement dans sa barbe blanche.

Et Bonne Misère reprit son labeur. Et le temps passa comme il sait faire : trop vite. Le diable ne manque pas ses rendez-vous, hélas ! Au jour dit, le méchant drôle était à la forge, attendant Antonin.

– Vingt, c'est vingt, murmura le diable à l'oreille du forgeron. Je viens te chercher.

– Cochon qui s'en dédit, répliqua Antonin. Je finis seulement la roue du meunier et je suis à toi. Va donc goûter de mes cerises en attendant.

Tous les péchés sont bons pour un diable et il est gourmand pour deux. Aussi, celui-ci ne se fit pas prier et le voilà aussitôt dans les plus hautes branches à gâter son bel habit. Il y resta jusqu'au soir, quand Antonin l'appela.

– Allons, diable, je suis prêt.

Mais il eut beau, le bougre, se démener comme un beau diable qu'il était, pas moyen de quitter sa branche.

– Allons, diable, donnant donnant ! Vingt ans encore et tu descendras de mon arbre.

Pour le coup, il n'y eut pas de marchandage : le diable sans doute avait affaire ailleurs. Il donna les vingt ans et s'en fut sans demander son reste.

Ces vingts ans-là furent bien employés.

Bonne Misère vieillissait content : ses fils faisaient merveille à la forge et lui, enfin, jouissait d'un repos grandement mérité. Il regardait les montagnes verdir et blanchir et reverdir et reblanchir, et ne se lassait pas de suivre à pas tranquilles le chemin des belettes et des hautes gentianes.

Aussi, quand le diable qui a bonne mémoire revint le chercher, Antonin n'était pas plus pressé qu'au premier jour de quitter sa vallée.

– Cette fois-ci, dit le diable sans sourire, pas de retard. Je t'emmène.

– Cochon qui s'en dédit, répliqua Antonin. Je finis seulement de tremper la hache du bûcheron et je suis à toi. Va donc te reposer un peu dans mon fauteuil en attendant.

Si tous les péchés sont bons pour un diable, celui-ci était justement le plus paresseux des diables. Sitôt assis, sitôt endormi, rêvant aux âmes qu'il avait volées aux pauvres gens.

Au soir, Antonin vint le réveiller :

– Allons, diable, je suis prêt, cria-t-il.

Il ne voulait pas d'un tel compagnon pour la veillée et il était temps d'en finir.

Remue, remue donc ! Notre diable ne pouvait se défaire du fauteuil, et allez courir le monde les fesses accommodées de la sorte ! Il comprit qu'il ne viendrait pas à bout du forgeron et admit qu'ils étaient quittes tous deux. Le papier signé brûla dans le feu du cantou[1] et le diable ne remit pas de longtemps les pieds en Auvergne. Ou, s'il y revint, il n'y fit plus son marché...

1. Cantou : ainsi appelle-t-on les vastes et hautes cheminées dans les fermes du Cantal. On pouvait parfois s'y asseoir de part et d'autre du feu.

# Les trois frères aux trois rosiers

Si, depuis Langeac, vous remontez le val d'Allier, vous verrez ici et là quelques hameaux suspendus entre sapins et rochers, sur les pentes abruptes qui dominent la rivière. Dans l'un de ces hameaux égarés au bord du vide vivaient, il y a très longtemps, une veuve et ses trois fils, Pierre, Pierrou et Pierrot.

Les trois frères se suivaient de près et s'aimaient tendrement. La neige était leur marraine et le vent leur parrain, à ces trois garçons et, passé leur vingtième année, ils étaient devenus de jeunes hommes robustes, durs à l'épreuve et débordants de vie.

Avant de mourir, leur père avait planté au jardin un rosier pour chacun d'eux : un rouge pour Pierre, un rose pour Pierrou et un blanc pour Pierrot. Et leur mère, plus tard, avait offert à chacun un chien qui serait son ami et sa sauvegarde. Flamme, le plus vaillant, était le chien de Pierre, Court-au-vent, le plus vif, était à Pierrou et Cascade, le plus joueur, était à Pierrot.

Un jour, au sortir d'un hiver féroce, les trois frères décidèrent qu'ils devaient partir pour découvrir le monde, chercher fortune peut-être et alléger le souci de leur mère.

Ce fut Pierre, l'aîné, qui le premier partit un matin avec Flamme, son ami fidèle. Il marcha longtemps sur les hautes crêtes et le long de gorges profondes, et puis il arriva dans une petite ville posée au creux d'un vallon paisible. C'était en vérité une ville bien étrange. Les habitants s'affairaient, lui sembla-t-il, aux préparatifs d'une grande fête, tissant des guirlandes, fleurissant les rues et les fontaines, pourtant tous pleuraient à chaudes larmes, graves et silencieux.

Pierre s'approcha d'un vieil homme qui, en sanglotant, nouait à sa porte une couronne de roses, et lui demanda la raison de ce mystère.

– Hélas, voyageur, nous préparons les tristes noces de la princesse Claire, la fille de notre roi. Chaque année, au printemps, la Bête à Sept Têtes qui hante nos forêts d'au-delà du vallon vient chercher une de nos jeunes filles et la dévore. Cette année, il lui faut la fille du roi.

Pierre n'écouta que son bon cœur. Il alla trouver le roi et lui proposa d'aller défier la Bête à Sept Têtes. Il disait qu'il préférait mourir que de laisser le monstre dévorer une innocente jeune fille.

– Hélas, voyageur, dit le roi en essuyant ses larmes, tous ceux qui ont voulu affronter la Bête à Sept Têtes ont perdu la vie, les plus forts, les plus rusés, les plus audacieux. Que pourrais-tu, toi, pauvre paysan qui ne sais rien des armes ?

– J'ai espoir, répondit simplement Pierre.

Et le roi accepta.

Pierre affronta la Bête à Sept Têtes et la vainquit. Comment ? On ne sait mais Flamme le vaillant n'y fut sûrement pas pour rien. Il se trouva que le roi de ce pays était bon et juste. Il fit de Pierre un prince et lui donna sa fille Claire. Lui au moins ne la dévorerait que des yeux !

Pierre cependant avait le cœur fidèle. Il voulait que sa mère et ses frères fussent présents aux noces. Aussi demanda-t-il à son roi et à sa princesse la permission d'aller les chercher lui-même et de leur annoncer sa bonne fortune. Que pouvait-on refuser au vainqueur de la Bête à Sept Têtes ? On lui donna un cheval et on le pria de revenir bien vite.

Même avec un cheval, c'était un long voyage jusqu'aux sources de l'Allier et Flamme, si fort qu'il fût, avait besoin de repos. Comme le soir tombait, Pierre aperçut à la lisière d'un bois de hêtres une petite maison dont la cheminée fumait. Il décida d'y passer la nuit.

Un feu en effet brûlait dans l'âtre mais la maison était déserte. Pierre s'assit sur un banc pour se réchauffer. Il était près de s'assoupir lorsque la porte grinça. Une drôle de petite vieille, bossue et boiteuse, entra en marmonnant :

– Ah ! Bigre, bougre ! Qu'il fait froid ! Qu'il fait froid !

– S'il fait froid, chauffe-toi, dit Pierre en lui cédant la place sur le banc.

– Je ne me permettrai pas de passer devant un beau monsieur comme vous, dit la boiteuse, et elle s'assit sur un tabouret derrière le garçon.

Pierre, qui n'avait jamais vécu que dans l'affection de sa mère et de ses frères, était peu averti des dangers du monde. Elle n'avait qu'une tête, la boiteuse, mais elle n'était pas meilleure bête que la bête qui en avait sept. Elle prit son battoir à linge et tua d'un coup le pauvre Pierre. Puis – la sorcière ! – elle souleva la lourde pierre du foyer comme si c'était une simple planche et jeta le jeune homme dans un grand trou noir qu'il y avait là.

Cependant, Flamme qui était resté à l'écurie avait longtemps cherché son maître en vain. Il était donc revenu à la ferme de la veuve. Au jardin, le rosier rouge était fané.

– Il est arrivé malheur à notre frère, dit Pierrou.

Il partit aussitôt avec son chien Court-au-vent et suivit Flamme qui le conduisit tout droit à la maison de la boiteuse. La maison était vide, le feu brûlait dans la cheminée. Pierrou ne doutait pas que son frère se fût arrêté là et il demeurait sur ses gardes. La boiteuse arriva bientôt en marmonnant :

– Ah ! Bigre, bougre ! Qu'il fait froid ! Qu'il fait froid !

– S'il fait froid, chauffe-toi, dit Pierrou, le feu est là pour ça.

– Je vous en prie, beau monsieur, après vous, fit la vieille avec un sourire mielleux.

Ce sourire-là ne fit pas bonne impression au garçon.

– N'as-tu pas vu passer par ici mon frère ? demanda-t-il sans quitter de l'œil la bossue dont les manières décidément ne lui revenaient pas.

– Ah ! Bigre, bougre ! répondit l'autre, je ne suis pas votre cousine, que voulez-vous que je fasse de votre frère ? Mais, si vous voulez bien soulever la pierre du foyer, je crois que vous y trouverez un grand gaillard d'homme qui vous ressemble.

Pierrou, trop impatient de sortir son frère du mauvais pas, se pencha dans la cheminée. Alors, la boiteuse, sans dire ouf, lui donna un grand coup de son battoir à linge et jeta le pauvret dans le trou d'ombres.

Au jardin de la veuve, le rosier rose était fané. Flamme et Court-au-vent qui n'avaient plus de maîtres s'en étaient revenus seuls à la ferme.

Alors Pierrot, le plus jeune des trois frères, se mit en chemin derrière Flamme, Court-au-vent et Cascade. Il se trouva bientôt, comme l'avaient fait Pierre et Pierrou, à se chauffer devant la cheminée de la maison vide.

– Ah ! Bigre, bougre ! Qu'il fait froid ! Qu'il fait froid !

La vieille était entrée de son petit pas de boiteuse, un mauvais sourire aux lèvres.

– S'il fait froid, chauffe-toi ! dit Pierrot qui n'aurait jamais demandé son chemin à une drôlesse de cette sorte.

– Chauffez-vous, d'abord ! répondit-elle d'une voix sucrée.

– Je ne m'assiérai que lorsque vous m'aurez donné des nouvelles de mes frères ! répliqua Pierrot qui, pour être le plus jeune, n'était pourtant pas né de la dernière pluie.

– Que sais-je de tes frères, grogna la boiteuse, je ne suis pas ta cousine !

– Tu n'es pas ma cousine, Dieu merci ! Mais parente du diable, je le jurerais... Flamme, Court-au-vent, Cascade, allons, goûtez-moi du gigot de la sorcière !

– Hélas, mon garçon, s'écria la boiteuse plus sucrée que jamais, aide-moi seulement à soulever la pierre du foyer et tu verras tes frères !

Pierrot comprit bien que c'était justement ce qu'il ne lui fallait pas faire.

– Flamme, Court-au-vent, Cascade, allons, tâtez-moi du jarret de la sorcière !

Ce coup-ci, la boiteuse demanda grâce. Elle souleva elle-même la pierre du foyer, et qui sortit du trou ? Le Pierre et le Pierrou tout joyeux de retrouver leur Pierrot.

Là-bas, au bord de la rivière d'Allier qui chantait clair comme un carillon de fête, leur mère les attendait près des trois rosiers en fleur. Et, le croiriez-vous, elle s'était déjà préparée pour aller aux noces !

Quant à la vieille, bigre, bougre ! elle descendit tout droit par le grand trou noir se chauffer chez son cousin le diable.

# FRANÇOIS LE MÉTAYER

Il faut croire que l'hiver se trouve bien en Auvergne car il ne paraît jamais pressé de quitter nos montagnes. Il lui arrive même souvent de s'attarder avec ses vents et ses neiges jusqu'au cœur du mois de mai.

Cette année-là, dans le Sancy, il avait fallu attendre la Pentecôte pour qu'il se décidât enfin à laisser la place. Le gel avait brûlé le jeune blé trop impatient de montrer le bout de son herbe. Ce fut un grand malheur pour François le métayer. Le jour viendrait bientôt où son maître, un ogre aussi brutal et méchant qu'un ogre peut l'être, descendrait de son château pour demander la part de blé qui lui revenait. Or, il n'y aurait rien pour l'ogre. François avait épuisé toutes les réserves du grenier à nourrir sa femme et ses douze enfants. Je ne sais si vous avez déjà rencontré un ogre. Moi oui : et je peux vous dire que la colère d'un ogre affamé, c'est pire que les loups, la foudre et le choléra réunis. Notre métayer savait très bien ce qui arriverait à la prochaine visite de son maître : le pire. Mais, si la pauvreté vide le ventre, elle remplit souvent la tête de ruses et le cœur de courage.

– Monsieur l'ogre viendra d'un jour à l'autre, dit François à sa femme. Débrouille-toi seulement pour avoir une marmite d'eau bouillante sur le feu tout le jour durant. Et laisse-moi faire.

Puis il commanda à son fils aîné de se poster, dès l'aube, sur le chemin du château et de l'avertir au plus tôt lorsque l'ogre approcherait.

On attendit deux jours, l'eau bouillant, le fils guettant, les parents tremblant.

Le deuxième soir enfin, François vit son fils dévaler le chemin qui menait à la ferme, en criant :

– À l'ogre ! À l'ogre !

Le métayer laisse là son ouvrage et se précipite dans la maison : il prend vivement la marmite bouillante et s'en va la poser dans la cour, près de la fontaine. Puis il saute sur son grand fouet qui pendait à l'étable, revient se planter devant la marmite et se met à la fouetter à tour de bras, tel un fou.

L'ogre était déjà là, hurlant comme un diable :

– Mon blé, François, où est mon blé ?

Et François de fouetter sa marmite sans s'occuper davantage du visiteur. Celui-ci, plus rouge que les flammes de l'enfer, le saisit au collet et le secoue comme un sac de noix.

– Mille pardons, monsieur l'ogre ! s'écrie le métayer. J'étais si occupé à bouillir l'eau de ma marmite que je ne vous ai pas vu...

– Eh ! marmonne l'ogre tout ébahi, les yeux aussi ronds qu'une roue de charrette, tu fais bouillir ton eau à coups de fouet maintenant ?

– Maintenant comme toujours, répond François sans se démonter, c'est un tour que je tiens de ma grand-mère, la Mathurine des Pradines. Mais il y faut cette marmite-ci et pas une autre.

L'ogre, qui se demandait quand même si c'était du lard ou du cochon, soulève le couvercle de la marmite et il voit l'eau bouillir et fumer.

– Sainte Misère, s'exclame-t-il, voilà qui ferait l'affaire de mon ogresse. Je prends la marmite.

– Oh, monsieur l'ogre, vous n'y pensez pas ! Comment ferais-je cuire notre soupe ? Votre valet nous interdit de prendre le bois de vos forêts, et sans bois, pas de feu !

– Mon valet est un sot, tu prendras tout le bois que tu veux mais donne-moi la marmite et le fouet !

– Oh, monsieur l'ogre, pour le fouet, c'est une autre affaire. Celui-ci est magique et vous m'en donneriez dix qu'ils ne feraient pas son ouvrage. Je ne vous donne pas le fouet.

– Ah ! trépigne l'ogre, je te fais grâce de tout le blé que tu me dois et je prends le fouet.

– Comme ça je veux bien, dit François, mais sans la formule, autant fouetter un âne mort !

– Sainte Misère ! Une formule à présent ! Suffit, métayer, donne-moi la formule ou je te fais bouillir dans ta marmite !

– Oh, monsieur l'ogre, c'est un secret de famille, ça ne se dit pas même au Bon Dieu !

– Même pour un cochon bien gras ?

– Que vous me donnerez dans l'heure ?

– Que tu auras dans l'heure !

– Alors répétez seulement entre vos dents tandis que vous fouetterez :

*Brûlons l'eau, grelin !*
*Brûlons l'eau, grelé !*
*Brûlons l'eau, grela !*

Et notre ogre s'en retourna au château avec marmite et fouet, en se répétant son refrain de peur de l'oublier.

François ne riait qu'à demi. Il savait bien que l'ogresse, qui était plus fine que son mari, aurait tôt fait de découvrir la supercherie. Aussi décida-t-il, quand le valet eut apporté le cochon, qu'on le tuerait sans attendre et qu'on en mangerait ce qu'on pourrait.

Le lendemain matin, ils étaient, sa femme et lui, à faire le boudin quand ils entendirent leur fils cadet crier dans le chemin :

– Voilà l'ogre, l'ogre qui revient !

François, sans s'émouvoir, commanda qu'on fît disparaître ce qui restait des cochonnailles, excepté un bon morceau de boudin qu'il enroula au cou de sa femme et qu'il cacha sous son grand châle.

Dans la minute qui suivit, l'ogre enfonçait la porte de la ferme telle une bourrasque d'orage, agitant au-dessus de sa tête un couteau furieux.

– Ah, brigand, criait-il, je te jure que tu vas avoir plus chaud que ta marmite ! Tu verras ce qu'il en cuit de tromper son maître !

François ne prêtait même pas attention à l'ogre. Il était tout occupé à quereller sa femme et criait contre elle, plus haut que l'autre ne criait contre lui.

– Méchante femme, disait-il, ça ne sait même pas arranger un repas pour son homme, ça baye aux corneilles tout le jour ! Ah, vilaine garce, me voilà bien marié !

L'ogre se trouvait fort embarrassé de cette colère qui passait de beaucoup la sienne et il demeurait stupide au milieu de la pièce, très vexé qu'on fît si peu de cas de sa fureur à lui.

Soudain, François se retourna et, saisissant le couteau de l'ogre qui n'en pouvait mais, le planta dans la gorge de sa femme. Il en jaillit un flot de sang bien rouge et fumant qui se répandit sur le sol. Ce n'était que du jus de boudin mais l'ogre, évidemment, n'en savait rien.

– Sainte Misère, s'écria-t-il, cette fois tu as saigné ta femme comme un cochon !

– Oui, vraiment, je l'ai saignée et j'ai bien fait ! Ce n'est pas la première fois, ni la dernière. Mais je vois bien que vous avez pitié de la bonne femme, je m'en vais vous la ressusciter.

François saisit alors près de l'âtre ce long bout de bois percé qui sert à attiser le feu et qu'on appelle un bouffadou, puis s'en vient souffler dans les narines de sa femme.

Elle, allongée au sol de tout son long, paraissait tout à fait morte.

– Vous allez voir, monsieur l'ogre, dit François après avoir soufflé quelques coups, mon bouffadou est un sacré réveilleur de morts. Il me vient de mon grand-père Albert de Loubeyre qu'était un peu sorcier.

L'ogre écoutait et regardait tout cela, ahuri. Il faisait des yeux aussi ronds que le lac Pavin. Quand il vit la femme du métayer ouvrir les paupières, étirer bras et jambes et se lever tout doucettement, il se laissa tomber d'émotion sur le banc.

Ce fut au tour du mari, cette fois, de s'entendre chanter matines.

– Ah ! grand nigaud, criait la morte, tu ne peux donc pas me tuer proprement ! C'est à chaque fois la même chose, du sang partout et mes vêtements dans quel état !

Qu'il me faudra encore frotter ma robe tout un jour pour la ravoir !

Puis elle se tourna vers l'ogre.

– Ah ! monsieur notre maître, vous étiez là. Vous tombez bien : je viens justement de l'autre monde où j'ai parlé à votre première femme. Elle vous dit bien le bonjour. Tenez, la pauvre, elle n'est pas mieux là-bas : elle est devenue servante de votre ancien valet, celui que vous avez assommé l'an passé. Il se venge bien méchamment sur votre défunte ogresse, le drôle, et lui rend les coups qu'il a reçus de vous.

– Ah ! le mauvais valet, soufflait l'ogre. Si seulement j'avais eu ton bouffadou, François, pour souffler dans le nez de mon ogresse quand la colère me prit. C'est que j'ai le sang vif et j'estourbis le monde sans y prendre garde.

– Hélas, monsieur l'ogre, dit le métayer,

il n'y a qu'un bouffadou ressusciteur à ce que je crois, et je ne le donne pas.

– Tu me le donneras, dit l'ogre en sautant sur ses pieds.

– Sauf votre respect, monsieur l'ogre, je ne donnerai pas mon bouffadou. À moins que...

– À moins que ?

– À moins que vous ne parliez plus jamais du blé que je vous dois et que vous me cédiez le quart de vos moutons.

L'ogre manqua de s'étrangler de fureur et devint rouge comme une prune.

– Eh ! mon maître, ne mourez pas, dit François en soufflant de son bouffadou dans les narines de l'ogre.

– Va pour les moutons, marmonna l'ogre, tu les auras dans l'heure.

– Va pour le bouffadou, répondit François, mais j'y perds !

Quand il fut rentré au château, l'ogre commença par rosser proprement son valet pour venger madame la défunte ogresse des coups qu'elle recevait dans l'autre monde. Ledit valet se demandait bien pourquoi le ciel lui tombait sur la tête mais, que voulez-vous, quand on sert un ogre, c'est là le genre de salaire dont on ne peut se plaindre.

– Prends le quart de mes moutons, commanda-t-il ensuite, et mène-les dans l'heure chez le métayer d'en bas.

Aussitôt dit, aussitôt fait.

L'ogre pendant ce temps s'en était allé trouver son ogresse d'épouse pour se vanter du bon marché qu'il avait traité avec le métayer.

– Ah, Sainte Andouille ! s'écria-t-elle en apprenant la nouvelle, le quart de nos moutons contre un bout de bois ! Tenez, vous êtes plus bête que la plus bête de nos oies !

Notre ogre fut peu content de la réception qu'on lui faisait. Il s'échauffa sous les jurons bien plus vite que la marmite du métayer. Les bouffadous sont taillés dans le bois le plus dur : l'ogresse l'apprit à ses dépens. Le mari lui assena un tel coup de bouffadou sur le crâne qu'il le fendit en deux.

– Fort bien, dit l'ogre en riant, tu ne vas pas regretter à présent le bouffadou du métayer.

Il se mit à souffler dans les narines de l'ogresse, souffla, souffla encore à s'en faire tourner la tête mais la dame remuait autant que les pierres du château. À la fin des fins, l'ogre comprit ce que valait son bouffadou.

Il sortit du château en rugissant et se jeta dans le chemin qui allait à la ferme. François, qui ne pensait pas que son bouffadou ferait si vite de l'usage, était à table avec sa maisonnée pour fêter les moutons en goûtant du cochon.

Il n'eut pas le temps cette fois de montrer sa ruse. L'ogre enfonça la porte, le saisit par la peau du cou et le fourra dans un sac de blé.

– Eh ! dit-il en chargeant le sac sur l'épaule, c'est un sac qui me vient de mon grand-oncle Jean, l'ogre de Lanobre, et il mène tout droit dans l'autre monde. Tu donneras le bonjour à mes ogresses. Je te laisserai dans l'étang, le chemin est plus court.

Cependant, avant de se rendre à l'étang, l'ogre, qui avait soif d'avoir tant soufflé dans le bouffadou, décida de faire halte à l'auberge du pays. Il posa sa marchandise devant la porte et entra se rafraîchir.

L'ogre avait fermé le sac d'un nœud bien serré et François avait beau gigoter comme une anguille, il n'y avait aucun moyen de sortir de là.

Savez-vous qui passait par là, à ce moment ? C'était le valet de l'ogre qui s'en venait à l'auberge pour se guérir des coups qu'il avait reçus.

– Qu'est-ce que c'est que ce gibier ? dit-il en tâtant du pied avec prudence la chose qui bougeait là-dedans : sac noué, coffre bouclé, le diable peut y être !

– Tout doux, valet ! s'écria François qui avait reconnu la voix du compère. C'est moi, le métayer. Cinquante écus pour toi si tu ouvres le sac.

– Eh, animal, répondit le valet, si tes écus valent autant que ta marmite et ton bouffadou, me voilà bien payé !

– Il ne s'agit pas de cela, continua François à voix basse. J'ai parié cent écus avec monsieur l'ogre qu'il ne pourrait me porter de chez moi à l'étang dans ce sac sans que je m'échappe. Prends seulement ma place et tu auras la moitié des écus.

Notre valet, qui avait à peu près autant de bon sens qu'un crapaud de plumes, accepta sans hésiter. Il entra dans le sac, en riant, l'innocent, de la bonne farce qu'il jouait à son maître. François le ficela proprement et s'en fut vitement, non sans prendre au passage le reste des moutons de l'ogre que le valet avait laissés dans un champ tout près de là.

Après cela, vous ne parierez pas un sou, n'est-ce pas, sur le sort du valet ? Vous avez raison. L'ogre le jeta dans l'étang le soir même, croyant bien sûr que c'était le métayer.

La fin de toute cette affaire, ça vaut, croyez-moi, son pesant d'or. L'ogre chercha partout son valet et ses moutons tandis que

François se cachait le jour durant pour ne mener paître son troupeau qu'à la nuit noire. À la fin, l'ogre trouva ce qu'il ne pensait certes pas chercher. Un soir que, s'en revenant de l'auberge, il passait près de l'étang, il tomba nez à nez avec le berger du clair de lune. Ses cheveux se dressèrent sur sa tête.

– Sainte Mimi… Sainte Misère, bégaya-t-il en ouvrant des yeux aussi ronds qu'une lune pleine, d'où sors-tu, métayer du diable ?

– Du dessous de l'étang, monsieur l'ogre, répondit François le plus naturellement du monde, et, justement, je vous remercie du voyage. Voyez quels beaux moutons j'ai ramenés de là-bas.

– Oh ! fit l'ogre qui depuis quelques semaines était très affamé des moutons qu'il n'avait plus. Il y a donc des moutons dans l'autre monde !

– Tant et tant, mon maître, vous ne pouvez l'imaginer. Ils sont à la Fée des eaux qui est bonne dame et les donne volontiers à qui les vient chercher. Regardez vous-même.

Le métayer avait pris soin, en parlant, de pousser son troupeau sur la rive et on voyait, se reflétant dans le miroir de l'étang, des moutons par dizaines qui semblaient brouter l'eau.

– Tenez, continua François, vous seriez bien aimable de me remettre en un sac et de me renvoyer chez madame la Fée chercher les bêtes qui sont là.

– Hum, dit l'ogre, ceux-ci seront pour moi.

– Bon, répondit l'autre, je vous les laisse pour l'amour de vous. Mais il faut vous mettre en un sac pour ne point boire de cette eau qui vous étoufferait avant que vous n'arriviez en bas.

– Va donc me chercher un sac tandis que je garde les troupeaux, commanda l'ogre.

– Sauf votre respect, mon maître, j'ai une meilleure idée, dit François qui craignait qu'un mauvais coup de lune changeât l'humeur de son ogre. Je vais nouer le col et les manches de ma blouse, vous vous glisserez dedans et ça fera l'affaire.

Ainsi fit-on. Puis François conduisit notre pêcheur de moutons sur une petite saillie qui surplombait l'étang et lui botta les fesses de si bon cœur qu'il fit le plus beau plongeon d'ogre qu'on vît jamais en Auvergne.

À l'heure qu'il est, on ne l'a pas encore revu. Sûrement que la Fée des eaux l'aura retenu à souper...

# LES BONS TOURS DE PLAMPOUGNIS

Elle est haute et rude, la terre de nos montagnes, tantôt battue par le vent et la neige, tantôt brûlée par les soleils d'été. Mais depuis toujours, trois choses y poussent et ne cessent d'y fleurir : la gentiane, le genêt et le mystère. Le mystère surtout. C'est pourquoi les gens de nos montagnes ne s'étonnent pas de grand-chose.

Personne, par exemple, à La Gerbaudie, un petit hameau grimpé au pied du roc de Courlande, ne s'était jamais étonné que Plampougnis, le fils du Mauriçou et de la Mauricette, ne fût pas plus gros qu'un poing d'homme. Il était petit comme un œuf de poule, soit ! Né pour être petit comme d'autres sont nés pour être pauvres, ou bavards, ou grincheux. Je ne dirai rien du bavard mais à tout prendre, mieux valait être Plampougnis que pauvre ou grincheux.

D'ailleurs, si Plampougnis connut de l'amusement dans sa vie, vous allez en juger.

Un jour qu'il était comme à l'ordinaire à garder sa vache Blanchette – on ne lui donnait qu'une vache à garder parce qu'un troupeau entier, pensez, pour un petit bout d'homme de cette sorte ! –, il se mit à pleuvoir. Ni une ni deux, Plampougnis se cacha sous une belle feuille de rave. Ni une ni deux, la Blanchette qui était gourmande avala la feuille et Plampougnis avec.

Quand au soir Blanchette revint à l'étable sans son vacher, Mauriçou et Mauricette cherchèrent partout leur petit bout de garçon.

– Petit Pougnis, je suis ici, cria l'enfant. Dans la musette de Blanchette !

– Niguedouille, soupira Mauricette, tu pouvais bien rentrer à pied !

Cependant, Mauriçou et sa femme aimaient leur petit bout de garçon plus que tout. Du reste, Mauricette le répétait souvent : « Ah ! Sainte Fleur ! Plus c'est petit, plus on les aime. »

Alors on tua la vache et on alla lui laver les boyaux à la rivière pour y voir clair. Mauvaise idée. C'était l'heure où les neiges fondaient, la rivière était pleine et forte, l'eau qui courait emporta notre Plampougnis.

À peu de temps de là, un loup qui avait soif s'en vint à la rivière, et sans crier gare avala la drôle de grenouille. Après boire il faut manger et le loup s'en alla tout droit vers un pré du voisinage où un berger tenait ses brebis. Alors qu'il approchait, l'affamé, à petits pas de loup, voilà Plampougnis qui crie :

– Petit Pougnis, je suis ici ! Gare, berger, le loup veut manger !

Les chiens l'entendirent et se jetèrent sur le loup qui décampa dans les bois. Et, à chaque fois que le loup s'approchait d'un troupeau, Plampougnis recommençait :

– Gare, berger, le loup veut manger !

Et le loup ne mangea plus. Il n'eut bientôt plus que les os et la peau. Si l'on dit vrai que ventre affamé n'a pas d'oreilles, notre loup, lui, s'était bien aperçu que son ventre avait de la voix.

– Hum, Petit Pougnis, pourquoi cries-tu si fort ? Tu me gâtes le métier.

– Et mon métier à moi, c'est de veiller aux troupeaux, répliqua Plampougnis. Si tu n'es pas content, fais-moi sortir.

– C'est ce que je veux faire, dit le loup.

Il avisa deux pins qui avaient grandi l'un près de l'autre comme deux amis, il se glissa entre les deux troncs et hardi que je te pousse, que je te tire, il se démena tant que Plampougnis sortit par le bout du loup où il n'y a pas la bouche.

Plampougnis ne demanda pas son reste et prit son chemin. S'il manquait de jambes, il ne manquait pas de malice. Il aperçoit un lièvre qui passait par là. Il saute sur son dos, lui empoigne les oreilles et hardi petit ! le voilà parti sur son étrange monture.

En sortant du bois, il croise un chasseur monté sur un âne. Chasser sur un âne, drôle de jeu. Des deux qui était l'âne, je ne choisirais pas. Ce chasseur-là n'avait chassé que du vent. Plampougnis en fit son affaire.

– Eh, chasseur ! Tu me donnes l'âne, à toi le lièvre.

Le chasseur ne se fit pas prier. Des deux qui était l'âne, ce n'était pas Plampougnis !

Il était presque rendu chez lui, le fils du Mauriçou, quand il entendit un grand bruit de voix derrière un buisson. C'étaient des voleurs qui se disputaient l'argent volé. Plampougnis descendit de son âne, grimpa sur un frêne qui poussait par là et cria :

– C'est Petit Pougnis qui vous le dit, vous ne l'emporterez pas au Paradis !

Ils n'étaient sans doute pas du pays ces voleurs, vu qu'ici, on ne s'étonne pas plus d'un arbre qui parle que de neige en juillet.

Ils s'arrêtèrent aussitôt de piailler, stupéfaits comme des poules devant un œuf.

– C'est Petit Pougnis qui vous le dit, voleurs, voleurs, vous voilà pris !

Ce fut la peur en tout cas qui les prit soudain. Diables ou gendarmes, il valait mieux n'en rien savoir. Ils détalèrent, laissant à Plampougnis deux bons gros sacs d'or et d'argent.

Quand ils virent leur fils revenir avec son âne et son trésor, Mauriçou et Mauricette furent aussi heureux qu'on l'imagine. Mais pas étonnés pour deux sous. Parce qu'il y a de plus grands mystères pour des parents que la malice de leur petitou !

# LE GÉANT DU PAYS ROUGE

C'était le printemps, le bleu du ciel semblait chanter sur les bois de la Margeride, et si quelques vieilles neiges têtues s'attardaient dans les combes froides, l'air avait déjà la saveur fraîche et vive des jeunes herbes.

Toinou le meunier avait quitté Ruynes de bon matin et il allait, maussade, dans les chemins mouillés. La veille, le quatorzième de ses enfants venait de naître. Ce n'était pas qu'il le regrettait cet enfant, un de plus, un de moins, on s'arrangerait avec ! Cette jeunesse, pensait-il, ça se nourrit de myrtilles et de grand vent, et les plus grands de ses garçons étaient déjà, au moulin, ses meilleurs apprentis. Son souci, c'était qu'il ne trouvait pas de parrain pour le nouveau-né et il ne pouvait pas laisser ce petit-là sans baptême. Il était donc décidé à en aller chercher un aussi loin qu'il faudrait, jusqu'à Langeac peut-être bien. Ce ne fut pas nécessaire.

Il marchait depuis une paire d'heures lorsqu'il rencontra un renard blanc.

– Où vas-tu, meunier ? lui demanda le renard sans façon.

– Chercher un parrain pour mon fils, répondit l'homme. Plût au ciel que tu puisses m'en trouver un.

– Qu'à cela ne tienne, dit le renard. Je ferai le parrain. À une condition seulement : c'est que tu m'enverras ton fils quand il aura vingt ans. Je l'attendrai à la montagne rouge.

– Le diable si je sais où est cette montagne rouge. J'en connais des rondes et des tordues, des noires et des vertes, mais de rouge, on n'en vit jamais en terre d'Auvergne.

– Tu lui diras seulement de marcher vers le soleil levant.

Marché conclu. On baptisa l'enfant et le renard s'en fut vers sa montagne rouge.

Il eut bientôt vingt ans, le fils du meunier. C'était un Jean agile et fort et beau comme il fallait. Le jour de son anniversaire, sa mère lui fit son balluchon et l'envoya chez son parrain.

Ça ne lui déplaisait pas, au garçon, de voir du pays et il était très curieux de cette montagne rouge et de ce renard blanc dont on lui avait fait maints contes depuis son enfance. Il marcha d'un bon pas trois jours et trois nuits, il franchit neuf montagnes, neuf forêts et neuf rivières et arriva enfin dans un pays où tout, en effet, était rouge, rouge le ciel et rouges les arbres, rouges la terre, les pierres et les champs. Il ne fut pas long à découvrir, sur une colline basse, un château tout aussi rouge.

Lorsqu'il parvint à hauteur des douves, il vit surgir devant lui trois grands chiens au pelage fauve. Oh ! Pas méchants pour un sou. Ils n'aboyèrent ni ne montrèrent les dents et le suivirent comme leur maître.

Jean frappa à la porte du château. Ce fut une jeune fille qui lui ouvrit, une jeune fille hélas bien laide et malgracieuse ! Elle avait des cheveux rouges et tant de taches de rousseur sur le visage que c'en était pitié.

– Je viens voir mon parrain, dit Jean. J'ai mes vingt ans.

– Hum... vous êtes donc Jean, fit la demoiselle. Tant pis pour vous.

Et elle lui claqua la porte au nez.

Vous pensez si notre Jean fut content de la réception. Mais il n'avait pas d'autre choix que d'attendre et il s'assit devant la porte. Il allait s'endormir quand survint une autre jeune fille, bossue celle-ci et boiteuse et rouge jusqu'aux sourcils, certainement plus laide encore que la première, si c'était possible.

– Je viens voir mon parrain, dit Jean en se levant et s'inclinant poliment. J'ai mes vingt ans.

– Ah oui ? Grand bien vous fasse, fit-elle en souriant vilainement et elle tourna le dos sans plus de cérémonie.

Jean pensait que ses affaires étaient fort mal engagées lorsqu'il vit venir à lui une troisième jeune fille. Il resta muet de stupeur. Car elle était belle, la troisième demoiselle, belle comme un ciel de printemps, et si pleine de douceur et de grâce dans ses manières qu'il se jugea payé sur-le-champ de toutes ses fatigues et de tous ses tracas.

– Que faites-vous là, mon bel ami ? lui demanda-t-elle en le fixant de ses yeux clairs.

– Je suis Jean, répondit-il. J'ai vingt ans et je viens voir mon parrain comme il a été promis.

– On m'appelle Aurore, dit la demoiselle.

Elle conduisit Jean dans une grande salle richement meublée aux murs tendus de tapisseries tissées d'or. Elle offrit à boire et à manger au jeune homme, ce dont il fut bien aise car il n'avait rien pris depuis trois jours.

À peine achevait-il son repas qu'un horrible géant apparut. Il semblait de méchante humeur et grommelait en tirant sur les poils de sa barbe rouge.

– Holà, fils du meunier, te voilà donc ! C'est moi, ton parrain ! Tantôt renard, tantôt géant, quand ça me chante ! Sache que chez moi on ne mange qu'autant que l'on travaille.

Sur ce, le géant envoya son filleul à l'écurie panser les bêtes. Il lui fit tant faire que le pauvre garçon, la nuit venue, s'effondra, épuisé, sur la paille qu'on lui donna pour dormir.

Le lendemain, le soleil se levait à peine sur le château rouge que le géant vint trouver Jean.

– Prends cette scie et cette hache, ordonna-t-il, descends à la rivière et coupe tout mon bois avant la nuit prochaine.

Le domaine du géant était vaste et les arbres rouges qui le peuplaient aussi géants que le géant lui-même. Bien qu'il fût courageux et fort de ses bras, Jean comprit qu'il ne pourrait venir à bout de la tâche. Il s'assit sur une souche basse et s'abandonna au chagrin : son père, en vérité, avait conclu pour lui un bien mauvais marché !

Il était ainsi à se lamenter sur son sort lorsque, à midi, il vit venir Aurore, la belle Aurore, un panier à la main.

– Mangez, mon Jean, dit-elle doucement, et ne vous occupez de rien.

Et Jean vit alors cette merveille : Aurore prit la hache et prit la scie, et dix coups de hache, dix coups de scie, le bois était coupé, les fagots proprement fagotés.

Celui qui fut plus étonné encore, ce fut le géant quand il découvrit la besogne.

– Sang de Dieu ! marmonna-t-il, passe pour cette fois, on verra demain.

Ce qu'il ordonna le lendemain, vous imaginez que ce ne fut pas pour faire plaisir au pauvre Jean :

– Prends ce tamis et ce panier d'osier, descends à la rivière et vide-la avant la nuit.

Le fils du meunier alla à la rivière avec son panier et son tamis et s'assit au bord de l'eau qui coulait rouge comme le sang entre les pierres rouges. Il pleura tout son soûl jusqu'à midi lorsque la belle Aurore vint ainsi que la veille lui apporter son repas. Et ainsi que la veille, pendant qu'il mangeait, elle accomplit la tâche impossible en moins de temps qu'il n'en fallut à Jean pour sécher ses larmes.

Le géant, quant à lui, s'il versa des larmes, ce fut de rage.

– Sang de Dieu ! cria-t-il, passe encore pour cette fois, on verra demain.

Et ce qu'il inventa le lendemain pour plaire à son filleul, vous ne le devinerez pas : il lui donna un chapeau et une marmite et lui demanda de se rendre à dix lieues du château rouge, au sommet d'une montagne de verre, et d'y aller chercher, dans le nid d'une buse, l'œuf rouge qu'elle y avait laissé.

« Ah, pensa Jean, si la belle Aurore n'imagine pas encore un tour à sa façon, cette fois je suis perdu. »

Mais la jeune fille n'était pas de ceux qui laissent leurs amis dans le malheur. À midi, elle s'en vint rejoindre Jean au pied de la montagne de verre.

– Mon bel ami, dit-elle, il vous faudra cette fois du courage et m'obéir en tout. Promettez-le-moi maintenant.

Il semblait à Jean qu'il n'y avait rien qu'il ne pût promettre à une si gracieuse et si bonne personne. Il accepta.

– Vous allez mettre de l'eau à bouillir dans la marmite. Je me déshabillerai et vous couperez mon corps en morceaux, vous le ferez cuire ainsi. Puis vous ramasserez les os sans en excepter un seul, et vous les recueillerez dans le chapeau. Il vous suffira, pour gravir la montagne, de placer les os devant vous un à un comme les barreaux d'une échelle. À votre retour, replacez les os dans la marmite. Faites ainsi, je vous prie.

Jean, on le comprend, était saisi d'horreur, mais il avait promis, et la voix d'Aurore était si claire et si ferme qu'il décida d'accomplir ce qu'elle avait ordonné.

Il eut tôt fait. Il arriva, cependant, que dans sa hâte à redescendre de la montagne, il oublia un petit os, le petit os du petit doigt du pied mignonnet de la belle Aurore. Il est vrai que lorsqu'il eut remis les os dans la marmite bouillante et qu'il en vit surgir, plus belle et plus rayonnante que jamais, sa tendre amie, il se consola aisément de la petite imperfection. Plût au ciel qu'on pût ainsi bouillir toutes les laideurs du monde et les tourner en merveilles de cette sorte !

– Sang de Dieu ! dit le géant en voyant revenir son filleul avec l'œuf de la buse, te voilà plus capable que je ne croyais. Eh bien, pour ta peine, je te donnerai l'une de mes trois filles pour femme.

C'eût été en vérité une bonne nouvelle

pour Jean, s'ils n'avaient eu, le géant et lui, des intentions fort différentes. Vous imaginez laquelle des demoiselles voulait le fils du meunier et ce que le parrain, à part lui, complotait. Or, en fait de méchantes ruses, il s'y connaissait. Il enferma ses trois filles dans une chambre obscure et proposa au filleul d'y aller faire son choix. C'était bien le diable, pensait-il, s'il ne tombait pas sur l'une ou l'autre de ses laiderons rouges.

Celui qui fut fort content de l'affaire, ce fut le Jean. Le voilà qui sort à l'instant de la chambre noire, tenant Aurore par la main. C'est qu'il avait appris la ruse, le jeunet, dans toutes ses épreuves : il avait seulement touché les pieds des demoiselles. Il ne regrettait pas, à cette heure, d'avoir oublié le petit os du petit pied mignonnet de sa belle amie !

Le géant, lui, en avala sa barbe rouge et cependant qu'il se donnait à une terrible colère, Jean le fils du meunier et Aurore la gracieuse s'enfuyaient sur le plus vif de ses chevaux, tout droit dans la direction du soleil couchant. Ils gagnèrent, sans regrets, le pays verdoyant des Margerides où on les maria sans attendre. Voulez-vous que je vous dise ? On ne vit aux noces ni géant ni renard blanc ni robes rouges...

# LE FIANCÉ DE LA NUIT

C'était un beau soir d'automne. La clarté du ciel, fraîche et légère, tombait sur les monts du Cantal. Des dizaines de jeunes gens et de jeunes filles venus de La Bastide, de Salers et de Mandailles s'étaient rassemblés pour une grande fête, au pied du puy Violent.

Il y avait deux bonnes raisons à cette fête. La première était que l'estive s'achevant, on s'apprêtait à redescendre les troupeaux dans les vallées, le lendemain matin. La deuxième, à vrai dire la meilleure des raisons, était qu'on fêtait les fiançailles de Pierre le vacher avec la belle Anne. Anne la blonde et Pierre le brun étaient ce qu'on pouvait imaginer de mieux en fait de fiancés. Dans le pays on disait Anne et Pierre comme on dit Tristan et Iseut. Leur amour était si pur et si profond qu'il rendait heureux tous ceux qui l'approchaient.

On chanta et on dansa longtemps cette nuit-là, danses joyeuses et chants amoureux au son des violons et des cabrettes[1]. Ah, vraiment, il eût fallu pour l'occasion rebaptiser la vieille montagne ronde et la nommer

1. Cabrette : instrument de musique, cousin du biniou et de la cornemuse.

par exemple le puy des Amours. On peut penser pourtant que le hasard qui avait mené toute cette jeunesse au puy Violent, un puy au nom si inquiétant, avait voulu l'avertir : au bonheur de la nuit succéderait en effet le malheur du matin.

Ce fut bien ce qui arriva.

Dans les pâles lumières de l'aube, on vit la belle Anne couchée parmi les pierres noires, suffoquée de larmes, la robe déchirée, brisée de douleur. Que dit-elle à ceux qui, le cœur encore ému des chants de la nuit, la trouvèrent, stupéfaits, dans ce violent désespoir ?

Elle dit qu'après la première danse, elle avait perdu de vue son Pierre, qu'elle l'avait cherché en vain dans le charivari de la fête puis parmi les ombres alentour. Elle dit encore que, prise soudain d'une sourde angoisse, elle avait appelé une heure entière, puis qu'elle avait marché dans l'herbe froide jusqu'à l'aube, ne trouvant devant elle que le vide des montagnes.

Tous alors se mirent en quête. On chercha partout, un jour durant, scrutant les hauts et les bas de la montagne, explorant les nids d'ombre, les failles, les plis des rochers. On ne vit rien. On ne vit plus jamais le fiancé de la belle Anne, ni là ni ailleurs. Il avait disparu dans la nuit comme pierre sous la neige.

Ce qu'il était advenu de lui, on ne le sut que bien plus tard. Comment ? Je ne saurais vous le dire. Seuls les vents et les rivières savent les secrets de la montagne. Et ceux qui connaissent la langue des vents et des rivières.

On dit que c'est une certaine Marguerite, du village de Marchastel, qui apprit un jour d'une source bavarde le destin de Pierre, le fiancé de la nuit. De bavarde en bavarde, l'histoire a voyagé et je vous dirai ce qu'on en dit dans les hameaux du haut Cantal.

Après la première danse donc, Pierre le brun s'était quelque peu écarté de la cohue de la fête pour reprendre haleine et confier aux étoiles son bonheur d'être pour jamais celui que la belle Anne aimait.

Il n'avait pas fait trois pas qu'il entendit une voix l'appeler tendrement. Il aperçut la silhouette d'une jeune femme qu'il crut être celle de sa tendre amie. La clarté du soir faisait briller la longue chevelure blonde et la voix qui l'appelait par son nom était aussi fraîche et légère que la voix de sa compagne.

Ce n'était pas, hélas, la belle Anne qui l'entraînait ainsi loin de la fête mais Brabounelle, la fée mauvaise qui logeait au puy du Granizier et qui, par sorcellerie, avait pris l'allure de la fiancée. La fée s'était prise d'une violente passion pour le beau jeune homme et elle avait décidé qu'il ne serait à nulle autre qu'à elle. Aussi avait-elle imaginé cette méchante ruse pour le tromper et le conduire à sa demeure. Le garçon, subjugué par l'étrange maléfice, crut suivre ainsi jusqu'au Granizier celle qu'il aimait plus que tout au monde.

Il se trouva bientôt dans une vaste grotte dont les murs étaient faits d'améthystes étincelantes et dont le sol était jonché de fleurs de gentianes. Trois jeunes fées, gracieuses et délicates, l'accueillirent et, au commandement de Brabounelle, lui offrirent un bol plein d'un doux et mystérieux breuvage.

– Pierre, mon beau Pierre, lui dit alors la fée mauvaise en prenant ses mains, dis-moi qui ton cœur aime, Anne la bergère blonde ou Brabounelle, la reine des fées ?

Et Pierre répondit :

– Je ne sais, ma fée, qui est cette bergère. Mon cœur n'a jamais aimé et n'aimera jamais que vous.

– Pierre, mon beau Pierre, dit la fée, nous irons donc faire nos noces au sommet du Chavaroche. Cette nuit même, sous l'œil blanc de la lune, nous passerons à nos doigts les bagues d'ombre.

Brabounelle mena alors son fiancé sur la cime du puy de Chavaroche. Il arriva ceci : le vent qui s'était levé porta jusqu'à Pierre l'appel tendre et désespéré de la belle Anne qui, là-bas, sur le puy Violent, cherchait dans la nuit son amour disparu. Le jeune homme, libéré soudain des maléfices de la fée, ne songea plus qu'à retrouver les bras de sa vraie fiancée.

– Anne, cria-t-il face au ciel immense, Anne, ma mie, je suis à toi seule.

Entendant cela, Brabounelle fut prise d'une épouvantable colère. Ses yeux se firent plus rouges que les flammes, ses cheveux noirs se levèrent sur sa tête comme mille serpents et elle hurla d'une voix aiguë :

– Tu es à moi, Pierre, à moi seule !

– Jamais ! criait Pierre. C'est Anne que mon cœur aime, Anne, ma douce bergère.

– Maudit sois-tu ! dit la fée mauvaise en frappant le sol de son talon.

À cet instant, les montagnes se mirent à trembler, une pluie de pierres noires tomba du ciel et des souffles brûlants montant de la vallée saisirent les hauts du Chavaroche.

– Pierre, cria la fée mauvaise, choisis ton destin : Brabounelle ou la mort !

– Anne, répondit le brave Pierre, je ne veux qu'Anne ou la mort !

– Alors, tant pis pour toi !

Une formidable secousse ébranla de nouveau les montagnes et, entre le puy du Granizier et le puy de Chavaroche, un mur de feu se dressa.

– Anne, ma belle Anne, murmura Pierre, garde-moi à jamais dans ton cœur.

Et lorsque le feu disparut, le garçon n'était plus qu'une statue de pierre.

Si vous allez au pied du Chavaroche, vous pourrez voir, aujourd'hui encore, dans la lumière du soir, sur la pente qui fait face au Granizier, la silhouette d'un homme de pierre. Vous saurez que là, pour l'éternité, le fiancé de la nuit veille sur son amour perdu.

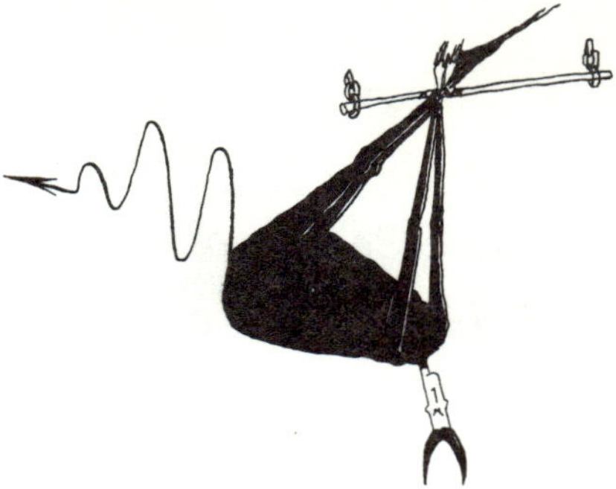

# Jean-François Peur-de-rien

Il était une fois un jeune blondinet, vif et malicieux comme tous les diables, qu'on appelait Jean-François Peur-de-rien. Il vivait aux confins de l'Auvergne, sur ces hauts plateaux du Lignon, où le ciel, tissé de vent, de neige et de lumière, est si vaste qu'on pourrait y loger tous les rêves des hommes.

Jean-François, au demeurant, était un gentil rêveur. Ce qui ne veut pas dire qu'il restait les deux pieds dans le même sabot : il gagnait sa vie en allant de village en village, été comme hiver, pour vendre des almanachs. Si on l'avait nommé Jean-François Peur-de-rien, c'est que justement il était si plein d'audace et d'insouciance qu'il ne semblait craindre aucun des dangers de la montagne, ni loups, ni brigands, ni diables, et moins encore la burle et l'écir, ces vents de neige qui prennent les voyageurs dans leurs mains de glace. Il allait toujours par les chemins, le pas léger et chantant sa chanson :

*On m'appelle Jean-François*
*Jean-François Peur-de-rien*
*Ni des loups du Mézenc*
*Ni du diable des bois*
*Je n'ai peur de rien*

Il arriva qu'un jour, alors qu'il traversait un petit village à quelques lieues de la ville du Puy, un vieil homme qui était à regarder le ciel devant sa porte entendit son refrain.

– Hum, dit le vieux, poursuis seulement ta route de ce côté-là et on verra bien.

– Et que verrai-je, mon ami ? demanda Jean-François, piqué au vif.

– Tu vois ce château, là-haut, au-delà des Bois Noirs, dit le vieux en pointant le doigt vers une pente rocheuse qui surplombait le village, c'est la demeure de la Bête. Nul ne revient jamais qui s'en approche la nuit venue. Que dis-tu de cela, Peur-de-rien ?

– Je dis que j'irai ce soir même, répondit Jean-François en haussant les épaules. Il y a longtemps que je rêve de dormir dans un château.

– Malheur à toi, murmura le vieux en baissant la tête.

– Ou malheur à la Bête, répliqua le jeune homme en riant. Qui a peur est déjà mort à demi !

Et il se rendit à l'auberge pour attendre tranquillement la tombée de la nuit.

Au crépuscule le vent s'était levé et des nuages noirs tombaient du ciel, accrochant des masses d'ombres froides aux rochers et aux arbres. Jean-François leva ses yeux clairs vers le château et partit en chantant, le cœur content. Il avait seulement emporté un sac de noix. Vous saurez bientôt pourquoi.

Jean-François poussa sans trembler la porte du château qui n'était pas verrouillée. Il traversa trois grandes salles sonores et vides et pénétra enfin dans une pièce éclairée d'un grand feu. Il y avait deux fauteuils près de la cheminée. Il s'assit, réchauffa ses pieds et ses mains, et entreprit de manger de ces noix dont il était très gourmand. Il entendait le vent hurler dans les tours et les planchers craquer comme les coquilles qu'il brisait entre ses doigts mais, puisqu'il n'avait peur de rien, il resta là, tranquille comme Baptiste, à attendre la Bête.

Il n'attendit pas longtemps. Le château résonna bientôt d'un pas lourd, énorme comme un roulement de tonnerre ; les poutres au-dessus de sa tête se mirent à grincer puis un souffle rauque se fit entendre. Alors la Bête entra. C'était une horrible chose, en vérité, pleine de pattes, de griffes et de cornes, aux naseaux fumants, aux dents pointues, à la langue rouge et aux yeux de braise.

– Bonjour, madame la Bête, dit tout bonnement Jean-François en cassant une noix. Je passais par là et j'ai pensé que je pourrais me chauffer à votre feu, avec votre permission.

– Bonne idée, dit la Bête. J'ai justement une faim du diable, je te mangerai.

– Bien sûr, dit Peur-de-rien, mais rien ne presse. Attendez que je sois reposé et que je me cuise un peu à votre feu, je n'en serai que meilleur.

Et il cassa une noix entre ses dents, l'air de rien.

– Qu'est-ce que tu manges ? demanda la Bête.

– Des noix, chère amie. Tenez, je vous en donnerai bien une ou deux si cela vous plaît.

Cela plut en effet beaucoup à la Bête. Elle grognait de plaisir à chaque noix, tant et si bien que Jean-François lui apprit à briser les coquilles de ses grosses pattes griffues. Il prenait bien soin de donner les noix une à une et d'en manger pour sa part le moins possible. Quand il ne resta plus qu'une noix dans le sac, l'aube par bonheur était venue. La Bête bâilla, chancela et s'effondra sur le plancher. Cette Bête-là n'était reine que de la nuit.

Jean-François descendit au village en chantant :

*On m'appelle Jean-François*
*Jean-François Peur-de-rien*
*C'est moi qui fais la fête*
*Au château de la Bête*
*Je n'ai peur de rien*

Il se rendit chez le vieux pour lui conter comment il avait veillé toute la nuit en compagnie de la Bête.

– Hum, dit le vieux, qu'est-ce qui me

prouve que tu dis la vérité et que tu n'es pas resté toute la nuit caché au coin du bois ? La prochaine fois, rapporte au moins trois poils de la Bête...

– J'y retournerai ce soir même, dit Jean-François, un peu vexé malgré tout qu'on le prît pour un menteur.

Au soir, à l'heure où les villageois barraient les portes et les volets de leurs maisons et se blottissaient sous leur couette pour ne pas entendre les hurlements de la Bête maudite, Jean-François gravit la pente abrupte qui montait au château, armé cette fois d'un sac de noisettes. Vous devinez pourquoi...

La Bête dormait encore, ronflant comme une forge, près de la cheminée. Le jeune homme commença par ranimer le feu dans l'âtre, s'assit dans un fauteuil et cassa une noisette entre ses dents. La Bête alors ouvrit les yeux, se redressa sur ses pattes et poussa un rugissement si terrible qu'on dut l'entendre sans doute jusque dans les vallées du Mézenc.

– Bonsoir, madame la Bête, dit Peur-de-rien, pas plus ému que s'il avait entendu un petit air de flûte. Avez-vous bien dormi ?

– Mieux que jamais, dit la Bête, et j'ai justement une faim de loup, je te mangerai cette fois.

– Bien sûr, dit Peur-de-rien, mais rien ne presse. Vous m'aurez croqué en un instant et vous vous ennuierez après. Laissez-moi donc vous tenir compagnie un moment.

Et il cassa une noisette entre ses dents, l'air de rien.

– Qu'est-ce donc que tu as dans ton sac, aujourd'hui ? dit la Bête en tirant sa longue langue rouge.

– Ce sont des noisettes et, croyez-moi, c'est bien meilleur encore que les noix.

La Bête était une épouvantable gourmande. Elle apprit rapidement à casser les noisettes entre ses dents pointues. Les noisettes sont plus longues à manger que les noix et le sac était si plein que même un troupeau d'enfants gourmands ne l'eussent pas vidé en une journée entière. La Bête fut si occupée à ronger ses noisettes que la seconde nuit passa plus vite que la première. À l'aube, quand la Bête vaincue par le sommeil s'effondra dans son fauteuil, Jean-François coupa de son couteau trois longs poils et descendit au village, chantant dans l'aube naissante :

*On m'appelle Jean-François*
*Jean-François Peur-de-rien*
*Pris trois poils de la Bête*

*Contre un sac de noisettes*
*Je n'ai peur de rien*

– Hum, dit le vieux en examinant les longs poils noirs que Peur-de-rien lui apportait, qui me dit que ces poils-là sont à la Bête et que tu n'es pas passé par l'écurie prendre le crin du cheval ? Quand je verrai la Bête pendue à une poutre du château, je te croirai peut-être.

– Qu'à cela ne tienne, dit Jean-François, il fallait le dire d'abord.

Ce soir-là, les vents soufflaient fort sur le pays et jetaient au visage une pluie glacée. Tout bon marcheur qu'il fût, Jean-François eut beaucoup de peine à atteindre le château. Quand il pénétra dans la grande pièce, la Bête qui était éveillée depuis longtemps bondit sur ses pattes en criant :

– Cette fois je te mangerai, et sans attendre !

– Bien volontiers, madame la Bête, dit aimablement Jean-François, goûtez juste un peu de ces faines que je vous ai apportées pour le hors-d'œuvre. Il n'y a rien de plus délicat, jugez-en.

Les faines, ce sont les petits fruits des hêtres qu'il faut éplucher soigneusement parce que leur peau est amère. La Bête qui s'était trouvée fort contente des noix et des noisettes voulut bien essayer les faines. Mais elle s'énerva bien vite à les décortiquer avec ses grosses pattes griffues, si bien qu'elle se mit à les avaler tout entières. Elle eut tôt fait de finir le sac.

– Merci pour le hors-d'œuvre, dit-elle, à toi maintenant !

– Oui-da, madame la Bête, mangez-moi. Mais si nous nous amusions un peu avant, votre repas en serait meilleur. Un homme gai a meilleure saveur, à ce qu'on dit, qu'un homme triste ! Voulez-vous jouer à Tucuberce ?

– Que faut-il faire ? demanda la Bête qui aimait bien rire avec la compagnie mais qui n'en avait guère l'occasion vu que, d'ordinaire, elle commençait par manger le monde.

– C'est simple, dit Jean-François, en sortant une grosse corde qu'il avait apportée dans son sac de faines. Je vais nouer la corde à ce gros clou qu'on voit là, sur la poutre, vous m'attacherez pieds et mains puis vous me pousserez gentiment de-ci, de-là et nous rirons bien. Et puis ce sera votre tour, si cela vous plaît.

– Non, non, dit la Bête en trépignant de toutes ses pattes, je passerai d'abord.

Vous pensez bien que Jean-François ne

marchanda pas. Il grimpa sur la table, noua la corde au clou qui, par bonheur, était assez gros pour soutenir un bœuf, puis attacha la Bête par toutes ses pattes bien comme il faut sans lui faire de mal.

Il commença à pousser la Bête tout doucement.

– N'avez-vous pas peur, madame la Bête ? demanda-t-il avec gentillesse comme on fait à un enfant.

– Peur, moi ? Tu veux te moquer ! Allons, pousse, pousse donc, je ne suis pas une poule mouillée.

Alors Jean-François se mit à pousser plus fort, puis plus fort encore. Et la Bête riait de toutes ses dents pointues, d'un rire effroyable, en criant :

– Ah, Tucuberce ! berce, berce-moi !

Pour la bercer, Peur-de-rien la berça. Il mit tant et tant de cœur à lancer dans les airs ce gros sac de poils et de griffes qu'il s'en alla cogner à droite, à gauche, devant, derrière, contre les murs épais.

– Arrête, s'étranglait la Bête, soufflant et gémissant comme tous les damnés de l'enfer.

– Bien sûr, madame la Bête, je vais arrêter, mais il faut aller au bout du jeu, dit Peur-de-rien.

Il en avait gagné de la vigueur, le blondinet, à tant marcher dans les montagnes, et il en eut bien besoin ce jour-là. Il fit si proprement la besogne qu'à la fin la Bête se trouva dans l'état d'une noix sous la pierre.

Peur-de-rien allait quitter le château, fort content de sa veillée, quand il entendit dans le silence du petit matin une voix légère et claire comme l'appel d'une mésange. Eh, pauvre, que vouliez-vous que ce fût ? C'était la belle princesse Mellinette que la Bête tenait prisonnière au donjon du château depuis tant d'années. Jean-François la prit dans les bras et descendit au village en chantant :

*On m'appelle Jean-François*
*Jean-François Peur-de-rien*
*J'ai trouvé Mellinette*
*Au château de la Bête*
*Je n'ai peur de rien*

Tous les villageois montèrent au château voir la Bête sauf le vieux qui grognait devant sa porte :

– Hum, qui dit que la Bête ne s'est pas assommée toute seule ? Elle se sera pris les pattes dans la corde...

Quant à Jean-François Peur-de-rien qui n'avait nul besoin d'un château, il s'en retourna avec sa princesse dans son pays du Lignon. Ils eurent deux beaux enfants, grands croqueurs de noisettes et de noix et qui n'avaient peur de rien que des gronderies de leur père !

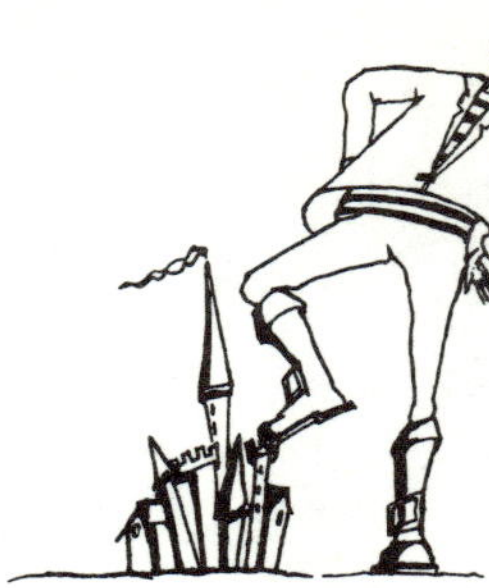

# La belle aux cheveux d'or

Elle le savait pourtant depuis l'enfance, la Marie des Rozailles : *Brume sur le mont, reste à la maison* ! Et il y en avait de la brume ce matin-là sur les hauts du pays, une brume épaisse et grise comme un linge sale tombé du ciel. Mais voilà : il lui fallait du bois pour la cheminée. La chaleur du feu, c'était bien tout ce qu'elle pouvait donner à ses six enfants. Pour manger, rien. La misère est comme ça, elle n'a pas de pitié. Elle était seule avec ses six garçons, Marie des Rozailles, parce que son Pierre était parti dans les vallées voisines louer ses bras à qui voudrait. Et cependant qu'elle glanait son bois, elle pensait avec tristesse à l'enfant neuf qui bougeait en elle et qui semblait si impatient, l'innocent, de connaître le monde.

– Tout doux, mon petit bout, chuchotait Marie. Là où tu es, tu es bien mieux, ne viens pas si tôt !

Elle était ainsi, posée sur une pierre, à reprendre haleine et conter des histoires à l'enfant invisible lorsqu'elle vit apparaître au milieu des arbres une ombre aussi haute que l'arbre le plus haut. C'était un géant. Il faut dire que chez nous, les montagnes sont si vastes et les vallées si profondes que les géants n'y sont pas rares. C'est un pays à leur mesure.

D'ailleurs, Marie ne fut pas étonnée et, même si elle savait qu'il valait mieux croiser le chemin de la foudre que les pas d'un géant, elle n'eut pas le moindre mouvement de peur. Quand on est si loin dans le malheur, on n'a plus de peur. Le géant, du reste, avait plutôt l'air brave.

– Allons, Marie, dit-il en faisant effort pour contenir sa voix, je sais ton souci. Je vais t'aider, veux-tu ? Il va te naître une fille ; et si belle que jamais de mémoire de géant on n'en vit de pareille en ce monde. Elle aura des cheveux d'or. Donne-la-moi. Si tu la gardes, elle mourra bientôt de faim et de misère, tu le sais.

Vous pensez bien que c'était là un marché cruel pour la pauvre Marie. Mais elle n'hésita pas longtemps car, si tendre fût son cœur et si plein d'amour déjà pour la petite à naître, elle savait qu'on ne nourrit pas un enfant que de caresses. Elle accepta.

Quand naquit la belle aux cheveux d'or, la mère, comme il avait été décidé, la donna au géant. Il était riche de tous les biens de la terre, ce géant, et la petite fille grandit telle une princesse, comblée de tous les trésors. Il se trouva seulement que le géant était jaloux comme un tigre, d'une si terrible jalousie qu'il interdit bientôt que quiconque approchât la belle et qu'il l'enferma dans la tour la plus haute de son château.

Chaque matin, il allait voir la jeune fille et peignait de ses propres mains les cheveux d'or. Et chaque matin, il les comptait un à un et chaque matin la belle craignait qu'il ne se trompât dans son compte ou que pour quelque raison un cheveu manquât.

On imagine combien la belle était malheureuse. Elle ne rêvait que d'échapper à sa prison et se disait qu'elle eût été mieux d'être la plus pauvre d'entre les pauvres mais libre enfin de courir, chanter et rire et d'inventer des chemins parmi genêts et cascades.

Cependant, si puissants que soient les géants, ils ne peuvent pas tout. Aussi notre géant ne put empêcher que l'histoire de la belle prisonnière se répandît par tout le pays. Aussi loin que courent les neiges sur les monts du pays d'Auvergne, on parlait de la fille aux cheveux d'or et de sa beauté sans pareille. C'est ainsi qu'un jour l'affaire vint aux oreilles de Guillaumet, un jeune chasseur qui n'avait de richesses que l'audace et un cœur tendre comme le bon pain.

Comment il fit, nul ne sait, toujours est-il qu'il parvint au pied de la tour où le géant tenait sa belle. Quand celle-ci parut à la fenêtre pour parler avec les oiseaux sans doute comme elle faisait chaque jour – car à qui d'autre aurait-elle pu confier sa peine ? –, Guillaumet la vit, et s'il était déjà amoureux avant de se mettre en chemin, pour le coup il faillit perdre la raison.

– La belle, demanda-t-il, donnez-moi un de vos cheveux, ou j'en mourrai.

– Ne mourez pas, je vous en prie, répondit-elle.

Et elle donna un cheveu.

Je vous laisse à penser la fête que fit le géant à la jeune fille le lendemain matin quand il constata qu'il manquait un cheveu. Sa colère fut si grande que les pierres de la tour en tremblèrent.

– Si cela arrive encore, cria-t-il, belle, vous vous en repentirez !

Ce qui arriva, c'est qu'au soir, le chasseur revint.

– Belle, appela-t-il, donnez-moi un cheveu encore, ou j'en mourrai.

Le jeune homme était gracieux et courageux, pardi ! La belle était troublée. Elle n'osa pas refuser.

Quand le géant constata qu'il manquait un deuxième cheveu, sa colère redoubla et le château tout entier trembla.

– Si cela arrive encore, cria-t-il, belle, vous n'oublierez jamais ma colère !

Et il décida de tenir le guet autour du château. Mais le chasseur était malin comme tous les diables et amoureux, ce qui donne des idées ; il trouva le moyen de déjouer la surveillance du géant.

Pour la troisième fois, il pria la jeune fille :

– Belle, donnez-moi un cheveu encore, ou j'en mourrai !

– Hélas, nous en mourrons tous deux, dit la belle en lançant, l'imprudente, un troisième cheveu d'or.

Cette fois, c'était trop : la colère du géant fut telle que le pays tout entier trembla comme si s'était soudain éveillée la fureur endormie des volcans. Il ne doutait plus que sa belle avait trouvé à qui parler. Il jura qu'il surprendrait le voleur de cheveux et qu'il le tuerait ou sinon, la belle.

Mais ce soir-là, le jeune chasseur prouva, si c'était nécessaire, que l'amour est plus fort qu'un géant.

Pendant que, fou de rage, notre jaloux battait la campagne, il revint.

– La belle, appela-t-il, donnez-moi mille cheveux encore, ou j'en mourrai !

Alors la belle sauta de sa fenêtre et, sans doute parce qu'elle avait pris aux oiseaux leur secret, s'en vint tout doucement dans les bras du jeune homme. Et le jeune homme l'emporta sur son cheval.

Mais le géant était plus jaloux que fou et plus têtu que jaloux : il enfourcha son cheval géant et se lança à leur poursuite. Il eut tôt fait de les rattraper. Le courage du jeune chasseur, cette fois, ne pouvait rien. La belle alors arracha l'un de ses cheveux d'or et le jeta derrière son épaule. Et voilà que la terre s'ouvrit et qu'une vallée profonde et noire se fit devant le géant. Mais un géant est un géant : quatre ou cinq galops de son cheval géant, et la vallée fut franchie.

Alors la belle arracha un autre de ses cheveux d'or et le jeta derrière son épaule. Et voilà qu'une rivière profonde et blanche comme nourrie de toutes les neiges des montagnes se fit devant le géant. Cela encore n'était pas assez pour l'arrêter. Il lança son cheval dans l'eau violente et, éclaboussant prairies et forêts, l'équipage furieux franchit la rivière.

Alors la belle, désespérée, arracha un troisième cheveu d'or et le jeta derrière son épaule. Et voilà qu'un mur de feu se dressa devant le géant. Les flammes étaient si larges et si hautes qu'elles l'avalèrent d'un coup, lui, son cheval et sa jalousie.

Guillaumet et sa belle arrêtèrent leur course à la lisière d'un bois que la lumière du soir coiffait de couleurs tendres. Une vieille était là qui ramassait du bois mort et qui leur sourit.

# L'HOMME AUX DOIGTS COUPÉS

La vie a toujours été difficile dans les monts d'Auvergne. La pauvreté est encore ce qui y pousse le mieux. Ça n'a jamais empêché brigands et voleurs d'y venir faire leurs méchantes affaires. Et quand on vole un pauvre, on le vole plus qu'un riche car, si peu qu'on lui prenne, on lui prend tout. Un voleur, c'est pire qu'un hiver trop blanc ou que granges brûlées. On ne l'oublie pas. Voilà pourquoi des histoires de voleurs, il en court mille et cent dans nos villages.

Tenez, connaissez-vous l'histoire de Laramée ?

Tout a commencé un soir d'hiver dans le pays de Boutaresse, aux confins des plateaux du Cézallier. Louise et Marcel vivaient à l'écart du village, à la ferme du Fayet, avec Marion, leur fille de dix ans. Ce soir-là, les parents durent s'absenter, ils étaient invités aux noces d'un lointain cousin à quelques lieues de leur ferme, près d'Anzat-le-Luguet. Pour donner de la compagnie à Marion, ils avaient fait venir Jeanne, une amie de son âge, qui devait partager sa nuit. Quand ce fut l'heure de se coucher, Jeanne la première se mit sous l'édredon tandis que Marion sortait dans la cour pour baptiser un escargot...

Soudain, Jeanne vit l'ombre d'un homme traverser la pièce et se glisser sous le lit. Elle eut si peur qu'elle ne put ni crier ni bouger. Marion revint, poussa le verrou, souffla la bougie et rejoignit son amie. Celle-ci, le plus bas qu'elle put, lui raconta en deux mots ce qu'elle avait vu. Les deux fillettes demeurèrent immobiles et muettes, les yeux ouverts dans le noir en se tenant la main.

Un long moment passa. L'homme enfin, croyant sans doute nos amies endormies, sortit de sa cachette, ralluma la chandelle, ouvrit la porte de la maison, fit quelques pas dans la cour et siffla trois fois. Alors Marion, qui n'était pas nigaude, bondit du lit, courut à la porte et tira le verrou.

– Ah, vilaine garce ! cria le bonhomme furieux en frappant la porte. Ouvre-moi ou tu t'en repentiras !

– Moi, je veux bien, répondit Marion, mais passez donc seulement la main sous la porte que je voie si vous n'êtes ni diable ni garou !

– Tu as raison, petite, dit l'homme en radoucissant sa voix. Regarde : n'est-ce pas une bonne vraie main de chrétien ?

Et il passa ses doigts sous le bas de la porte. Alors Marion, qui avait pris un long couteau sur la table, donne un grand coup. Le couteau était bien affûté sans doute : voilà les doigts tranchés !

– Ah, vilaine garce ! hurla l'autre, tu me paieras ce coup. Souviens-toi, petite, souviens-toi de Laramée !

Quand Louise et Marcel revinrent des noces, ils trouvèrent les fillettes cachées sous l'édredon, serrées comme des chatons, pleurant et pleurant à fendre l'âme. Elles leur racontèrent toute l'aventure et les parents jurèrent qu'ils ne laisseraient plus jamais Marion seule, ni même avec Jeanne.

Il n'y eut plus d'alarme cette nuit-là, ni les nuits suivantes d'ailleurs, ni plus jamais. On parlait de temps à autre de la nuit de Laramée et on en riait, sauf Marion qui riait jaune. Mais enfin elle grandit, devint une belle jeune fille, vive et gaie, et Laramée se mêla bientôt dans ses souvenirs aux ogres et aux diables qui peuplaient les contes de Marie-Aimée, sa grand-mère de Saint-Flour.

Quand elle eut vingt ans, elle rencontra au bal un beau gars, fort d'épaules, bien mis et instruit. Il était le fils d'un bûcheron enrichi de la forêt de Tronçais en Bourbonnais et séjournait, ces temps-là, en Auvergne pour traiter quelques affaires de bois. Marion l'aima et il la demanda en mariage à Marcel et Louise. Ceux-ci voyaient d'un bon œil leur fille dans les bras du riche galant et on fit les noces. Il y avait bien cette chose un peu bizarre, c'était qu'il portait toujours de fins gants noirs.

– Hélas, expliqua-t-il à Louise qui s'était étonnée, c'est un billot de bois qui m'est tombé sur les mains quand j'étais enfant.

Comme il avait le visage de ne pas mentir, on le plaignit et nul n'en parla plus.

Le soir des noces, le marié prit sa belle et l'emmena dans sa voiture à quatre roues, tirée par un fier cheval noir. Alors qu'ils traversaient un bois, le galant arrêta l'équipage et, quittant ses gants, leva une main sans doigts devant les yeux de Marion.

– Alors, vilaine garce, tu te souviens de Laramée ?

En un instant, le mauvais drôle empoigne

la pauvre Marion, la déshabille et la pend par les pieds à un arbre. Puis, fouettant son cheval, il la laisse à son malheur. Longtemps Marion entendit son grand rire sonner parmi les arbres comme cloche du diable.

Oh ! Combien d'heures elle demeura ainsi pendue, toute nue, toute seulette, tremblant de froid et de honte ? Même si ce fut peu, ce fut une éternité. Elle perçut enfin un bruit de ferraille qui montait du chemin. C'était un étameur qui courait le pays avec sa carriole pour son commerce. Elle appela, il la vit et la détacha. Il était brave homme : il la couvrit de son manteau et l'emmena dans son chez-lui qui était dans une vallée voisine.

Et voyez-vous comme sont les choses ! Le bonhomme était veuf, il avait deux petites filles toutes en baisers, Marion se trouva bientôt chez l'étameur mieux mariée qu'elle n'en avait jamais rêvé. Bonne mère, heureuse épouse, voilà Marion enfin contente et bien payée de sa douceur.

Croyez-vous mon histoire finie ? Elle ne l'est pas. Hélas ou tant mieux, à vous de dire.

Un soir d'hiver où l'écir poussait la neige jusque sous la porte, un marchand arrêta sa charrette devant la maison de l'étameur. Il demanda s'il pouvait la laisser dans la grange, le temps que dureraient la nuit et la tempête : pour l'amour de Dieu, et surtout de l'huile et du sucre qui dormaient à l'intérieur des tonneaux ! Dans les montagnes, qui refuse un toit au passant pris par les neiges, c'est comme s'il avait tué son frère. L'étameur qui, de toute façon, était bon comme le pain blanc, accepta de grand cœur d'abriter marchand et marchandises.

Charrette rentrée, maisonnée couchée, il n'y avait plus que la nuit pour écouter les vents souffler. Hum, pas tout à fait. Les deux fillettes de l'étameur, qui ne manquaient pas d'oreilles, avaient bien entendu qu'on parlait de sucre et, tout le monde le sait, filles gourmandes ou rivière mouillée, c'est tout un ! Voilà nos deux petites qui font pied de velours pour aller à la grange. La plus hardie soulève la bâche qui cachait les tonneaux. Alors, elle entend monter de là-dessous une grosse voix d'homme :

– C'est toi, Laramée ?

*Cours que je te cours !* Les gourmandes prennent leurs jambes à leur cou et vont tout droit à leurs parents. L'étameur qui avait autant de cœur que de jugeote prend son fusil et envoie son apprenti chercher gendarmes.

Cette fois, Laramée fut bien pris, lui et ses brigands qui étaient autant que les tonneaux qui étaient dix. Il fut brûlé en place publique et tout brûla bien, les pieds, les moustaches et les doigts coupés.

Certains pourtant prétendent qu'il y a peu encore un brigand, qui se faisait appeler Laramée, courait les chemins du côté de l'Aubrac. Moi, ça ne m'étonnerait pas parce que ce Laramée, si ce n'est pas le diable, c'est son cousin !

# La fille au doigt noirci

Il ne faut jamais croire que les choses se font toutes seules. Qui, pensez-vous, gouverne chez nous le cours des torrents, défait les neiges de l'hiver, sème narcisses et jonquilles ? Qui arrête en décembre les cascades pour leur donner du repos, veille sur le silence des lacs et le sommeil des volcans ? Tout cela, sachez-le, c'est le travail de la Grande Fade, la fée protectrice de nos montagnes.

Mais il est plus facile parfois de commander les vents et les rivières que les enfants des hommes. La Grande Fade l'apprit à ses dépens : vous allez voir comment.

Un jour, alors qu'elle était au bord de la Sioule à s'occuper de la fonte des neiges, elle trouva dans l'herbe jaune d'avril un tout petit bout de fille emmaillotée dans un tout petit bout de drap. Celle-ci, elle n'eût pas vécu une heure de plus si la bonne fée ne l'avait aussitôt emportée dans le chaud de sa maison qui était sur la pente d'un puy boisé. La Grande Fade adopta la petite vilainement abandonnée et la fit grandir si bien qu'elle devint la plus jolie et la plus vive des enfants de la montagne. Elle l'appela Toune – ce qui est une gentille manière par ici de dire Marguerite. La fée raffolait de sa Toune et la Toune était heureuse comme une fille de reine. Il y avait seulement ceci : c'est que la Toune était menteuse comme un renard. Tenez, il y en a qui naissent avec les yeux clairs ou le poil brun, la petite, elle, allez savoir pourquoi, c'était comme si elle était née menteuse. Elle jouait avec ses mensonges comme d'autres jouent à la poupée. La Grande Fade avait beau faire, elle n'en venait pas à bout. Elle lui fit des remontrances, puis la gronda, puis la punit. Tout cela passait sur la demoiselle comme de l'eau sur la pierre. Le seul résultat fut que la Toune apprit à mieux déguiser ses mensonges et à si bien contrefaire l'innocente qu'elle eût pu faire croire à un vacher que sa vache avait pondu un œuf.

Un jour de printemps, la Toune eut ses seize ans. La Grande Fade qui avait fort à faire à rompre les glaces et chasser la neige devait s'absenter des journées entières. Elle décida qu'au lieu de confier la jeune fille à une fée voisine, elle lui laisserait désormais la garde de la maison.

– La Toune, lui dit-elle, te voilà assez grande pour veiller seule au logis. Je te laisse les trois clefs : celle de la maison, celle du cellier et celle des caves.

– Partez tranquille, marraine, répondit la Toune, j'aurai bien soin de tout, allez ! Mais la grosse clef rouge qui est dessus la cheminée, ne me la donnerez-vous pas ?

– Celle-là, dit la Grande Fade en fronçant les sourcils, je t'interdis absolument d'y toucher. C'est la clef de la Cave Close où seules les fées ont le droit d'entrer.

– Partez tranquille, marraine, à celle-là je ne toucherai pas.

Et la Grande Fade s'en fut. La Toune se mit à la fenêtre et la regarda partir par le chemin de la forêt. Elle n'avait pas plus tôt disparu que la jeune fille courut à la cheminée et prit la clef rouge de la Cave Close.

Elle alluma une chandelle et descendit par l'escalier des caves. Il y avait si longtemps qu'elle rêvait d'entrer dans la cave interdite et de découvrir quel grand secret on y tenait caché ! Quand elle fut devant la porte noire, son cœur battait si fort, comme dans les nuits de grande tempête, qu'elle hésita un instant. Mais l'envie était trop vive : elle fit tourner la clef dans la serrure et tira la lourde porte qui s'ouvrit en grinçant.

Elle se trouva dans une sorte de long souterrain au plafond bas et voûté. Il faisait froid et noir, et la peur retenait ses pas. Il n'était plus temps de reculer. Elle avança et trouva bientôt une autre porte fermée par un verrou. Elle tira le verrou et ouvrit.

Là-bas, au fond des ombres noires, elle voyait un feu, oh ! mais pas un feu ordinaire : il était jaune, rouge, bleu et vert tout à la fois et rampait, dansait, sautait comme un drôle de petit animal sauvage. Soudain, il se mit à gémir, à siffler, à craquer puis, s'allongeant comme un bras immense, bondit vers la sortie qui s'offrait. La Toune sauta en arrière et repoussa vivement la porte devant elle.

Le feu n'avait touché que le bout de son petit doigt mais sa frayeur était telle qu'elle s'en fut à toutes jambes, déchirant sa robe dans sa hâte. Elle referma la première porte à double tour, grimpa les escaliers comme une folle et s'en alla vite remettre la clef sur la cheminée.

À peine l'avait-elle fait que la Grande Fade entra au logis.

– Si tôt de retour, marraine ! s'écria la jeune fille. Les neiges sont donc fondues ?

– Ni les neiges fondues ni les glaces fendues, répondit la fée, j'ai justement oublié mon marteau à casser les glaces. Mais la Toune, pourquoi es-tu si pâle ? Et ta robe, déchirée !

– Hélas, marraine, je suis tombée en allant à la fontaine. Mais ce n'est rien... juste un peu d'émotion.

– Tout de même, dit la fée, soucieuse, on dirait que tu trembles. Tu te seras fait du mal. Viens-t'en que je te regarde.

La Grande Fade prend la main de la Toune et crie soudain :

– Hélas, ma fille, ta main brûle ! Tu es allée à la Cave Close !

– Moi, marraine, jamais ! Je ne vous aurais pas fait cette peine de vous désobéir ainsi. Et j'aurais eu trop peur ! Qui sait s'il n'y a pas là-dedans quelque méchant prisonnier ou dangereux prodige.

– C'est justement cela, la Toune, c'est le feu des montagnes que nous gardons là et ce serait grand malheur si nous le laissions sortir ! Mais inutile de parler plus longtemps : tu es allée à la Cave Close, je l'ai bien vu à ton petit doigt.

Le petit doigt de la Toune, en effet, était tout noir.

– Non, non et non, marraine, je n'ai pas menti. Je vous jure que je ne suis pas allée à la Cave Close. C'est en remuant les cendres de la cheminée que je me suis noirci la main.

– Eh bien, dit la fée, va laver tes mains à la fontaine et nous verrons bien.

La Toune courut à la fontaine mais elle eut beau frotter et frotter son doigt dans l'eau claire, le doigt resta noir.

– Ah, marraine, dit la jeune fille à son retour, ce ne sera pas la cendre qui a noirci mon doigt mais, j'y pense à présent, de ce jus de myrtille que j'ai bu tout à l'heure pour me remettre de ma chute.

– Ah, soupira la fée dont le cœur était partagé entre la tristesse et la colère, cette fois je ne peux te croire. Il me faudra donc te punir.

– Punissez-moi autant que vous voulez, répliqua la jeune fille avec insolence, battez-moi, fouettez-moi, jetez-moi au taillis fourré mais vous ne me ferez pas dire ce qui n'est pas !

– Vraiment ?

– Vraiment !

– Alors tant pis, la Toune, au taillis fourré !

Dans l'instant, la Toune se trouva perdue au cœur d'une forêt sombre et glacée. Un silence peuplé de bruits étranges régnait tout autour d'elle. Elle marchait sans voir, se heurtant aux branches, griffée par les ronces, grelottant de peur et de froid. Elle appela, cria à en perdre la voix puis s'effondra, épuisée, au pied d'un chêne. Elle demeura ainsi des jours et des nuits, rongeant des glands secs et durs et s'abreuvant à l'eau qui ruisselait sur le tronc de l'arbre. Mais croyez-vous qu'elle songeât à se repentir, l'entêtée ? Pas un instant ! Elle pleurait de rage et de dépit, maudissant sa bonne fée marraine.

Elle était ainsi, blottie au pied du chêne, à demi morte de faim et de fatigue quand, un matin, vint à passer un jeune cavalier qui s'en revenait de la chasse. C'était Julien, un beau grand jeune homme blond, fils du roi de la contrée. Quand il découvrit la pauvresse endormie dans son creux de racines et de branchages, et qu'il la vit si belle, il sauta de son cheval et courut à elle.

La Toune s'éveilla dans les bras du beau cavalier et leva vers lui ses yeux encore embrumés de larmes.

– Quel méchant malheur t'a jetée ici, la belle ? lui demanda Julien qui croyait n'avoir jamais vu si beau visage et dont le cœur déjà était saisi comme la paille sous le feu.

– C'est la Grande Fade, ma marraine, qui m'a chassée de chez elle à coups de pierres pour un mensonge qu'elle dit que je lui ai fait.

– Si beau visage ne peut mentir, répondit le jeune prince qui avait l'âme aussi naïve que ses cheveux étaient blonds. Veux-tu venir avec moi ? Je t'aime tant déjà que je ne veux plus te quitter désormais.

Refuser le fils d'un roi quand on est dans la misère, la Toune n'était pas si folle !

– Je vous suivrai au bout du monde, monsieur, si vous le voulez.

Et cette fois elle ne mentait pas.

Julien emmena sa neuve fiancée et la conduisit chez l'un de ses fermiers où on eut tôt fait de lui rendre sa belle allure de jeune fille. Il fit venir pour elle les plus riches habits et, quand elle fut parée comme une princesse, fraîche comme au jour de ses seize ans, il la mena au château de son père. Le roi était un homme doux qui ne voulait rien tant que le plaisir de son fils et ne cherchait pas à discuter les raisons du cœur. Il accepta le mariage.

On fit de grandes fêtes et la Toune qui avait été instruite des bonnes manières par sa marraine tint son rôle de princesse à la perfection.

La vie fut douce au château pour la jeune princesse. Son mari n'avait d'yeux que pour elle, les servantes lui faisaient fête et le roi l'aimait comme sa fille. Il n'y avait que

Nanon, la vieille nourrice de Julien, qui en secret lui voulait du mal. Elle était jalouse certainement et elle s'était bien vite aperçue que la belle épouse faisait plus de mensonges dans une journée que le boulanger de tourtes de bon pain. Elle ne disait rien, la Nanon, mais elle n'en pensait pas moins.

Un jour, la Toune décida d'aller au-devant de son Julien qui était à la chasse, et partit seule sur le chemin des champs fleuris. Elle était à traverser un village lorsqu'elle vit, debout près de la fontaine, une grande et belle dame serrée dans un long manteau. C'était la Grande Fade. La rencontre n'était pas pour plaire à la princesse. Elle fit celle qui n'avait pas vu.

– Bonjour, la Toune, dit la fée doucement. Tu n'embrasses pas ta marraine ?

– Je n'embrasse pas quand je n'aime pas, dit brutalement la fille.

– Moi, je t'aime toujours, ma Toune, continua la fée de la même voix tendre. Es-tu heureuse au château ?

– Heureuse, ça oui ! Et ce n'est pas grâce à vous en tout cas !

– Un peu quand même, dit la fée. C'est moi qui ai guidé les pas de Julien vers toi dans la forêt, Julien que j'avais choisi pour être ton époux dès le jour que je t'ai ramassée toute petite dans l'herbe.

– Ah bon, murmura la Toune un peu troublée. Vous avez bien fait alors : il est très aimable. Merci.

– Il n'est pas besoin de merci. Mais si tu reconnaissais enfin que tu es entrée à la Cave Close, j'en serais contente et ne ferais plus que veiller sur ton bonheur.

– Non, non et non, marraine ! s'écria la

Toune soudain rouge de colère et trépignant comme une enfant têtue, je n'y suis pas allée. Mais je m'en suis souvenue depuis : si j'ai le doigt noirci, c'est que je l'avais frappé d'une pierre en cassant des noisettes. Voilà toute l'affaire, et vous me tourmentez pour si peu. Vous êtes une bien méchante femme !

– Hélas, soupira la Grande Fade, il me faudra donc te punir encore.

– Ah oui, décidément, vous êtes plus méchante encore que je croyais ! cria la Toune, et elle s'enfuit à toutes jambes vers le château.

La vie continua d'abord, douce et heureuse. La Toune attendit bientôt un enfant et un beau petit garçon vint au monde pour le bonheur de tous. La Grande Fade avait-elle oublié sa promesse de punition ? La

Toune ne s'en souciait pas, elle se sentait si forte auprès de son prince aimant, derrière les hauts remparts du château.

Mais le malheur vient toujours quand on n'y pense plus. Voilà que la guerre se déclara dans les pays voisins et il fallut que le prince prît son armure et s'en allât hasarder sa vie sur les champs de bataille.

Le lendemain de son départ, un terrible orage éclata dans les montagnes. La foudre, le vent et la grêle s'abattirent deux jours durant sur la contrée. Granges brûlées, troupeaux foudroyés, toits crevés et champs meurtris, ce ne fut que désolation.

Alors la Nanon tint sa vengeance. Elle accusa la Toune. Elle dit que c'était une sorcière, venue on ne savait d'où, et qu'elle avait jeté un mauvais sort sur le pays. Maintenant que le prince était loin, elle en profitait, la diablesse, pour exercer ses maléfices sur le royaume. Et elle dit tous les mensonges que la Toune avait faits au château.

La Nanon était maligne : elle savait que dans les grands malheurs, le premier coupable venu fait l'affaire. On chassa du château la Toune et son enfant à coups de pierres, jusque dans les bois, et le roi lui-même, accablé de tristesse, accepta le châtiment.

La Toune, une fois encore, se trouva abandonnée dans la nuit, le froid et le danger des montagnes. Elle erra longtemps, dormant sur les feuilles sèches, mangeant les baies sauvages et buvant l'eau des sources. Elle ne savait comment consoler son enfant affamé et malade. Elle pleura tant et tant que les larmes adoucirent son cœur. Elle fut soudain pleine de tristesse et de regrets et compris le mal qu'elle avait fait à la bonne fée, sa marraine.

Elle était ainsi à dire son chagrin au vent et aux arbres lorsqu'elle aperçut une lumière vive qui descendait vers elle du haut d'un sommet rocheux. Elle pensa que c'était le feu des montagnes qui venait la chercher pour la punir. Mais elle se trompait : c'était la Grande Fade qui venait à elle tout environnée de clarté.

– Ma Toune, dit la fée en se penchant sur elle, pour la dernière fois je te le demande : es-tu entrée dans la Cave Close ?

– Oui, dit la jeune fille en baissant la tête. Me pardonnerez-vous ?

La fée prit dans ses mains le visage de la Toune, elle sourit en silence et la baisa au front.

– Retourne au château, ma Toune, on t'y attend.

La Grande Fade n'avait pas menti : sur le chemin du château, Julien, revenu de sa guerre, attendait sa princesse et son enfant. Et si je vous dis que ces retrouvailles furent les plus heureuses du monde, vous savez bien, n'est-ce pas, que je dis vrai.

# La narse de la queue du diable

Le diable, n'est-ce pas, est un grand voyageur. Il a ses aises partout. Une chose est sûre cependant : il s'est souvent arrêté en Auvergne. Sans doute qu'à force de prendre chaud dans ses fournaises, il avait besoin de se rafraîchir les cornes. Un jour, donc, il vint s'établir dans le haut des Combrailles et, qui se rassemble s'assemble, se fit marchand de cochons. En chemin, il avait rencontré un remouleur de Cunlhat qui pleurait misère et qui, pour un écu, lui avait vendu son jeune fils.

Il était dégourdi, le garçon, l'esprit aussi vif que la jambe. Il faut dire que, dès qu'il avait su marcher, son père l'avait emmené avec lui pour l'aider à la tâche et, des Bois Noirs aux monts du Forez, il en avait vu, du pays. Et cela valait mieux parce que, être porcher du diable, c'était un état qu'on n'eût souhaité à personne. Certainement, il avait bien le droit de maudire son père, notre petit jeune homme : le maître qu'il lui avait donné avait tous les défauts de la terre, il était ivrogne, brutal, voleur, avare et sournois, en un mot, c'était une perfection de diable ! Mais il en vint à bout, et je vais vous dire comment.

Ce jour-là, c'était sans doute à la Saint-

Blaise, le diable et son porcher s'en étaient venus à la foire. Le diable comme toujours avait conclu de bonnes affaires vu que, qu'il s'agisse d'âmes ou de cochons, il a toujours su faire son marché. Il avait donc acheté à bon prix quinze gros cochons et, pour fêter sa bonne fortune, il était allé s'ivrogner à l'auberge, confiant à son valet le soin de conduire les bêtes à la maison.

– Quinze cochons bien comptés, et qu'il ne m'en manque pas la queue d'un ! avait-il averti en levant sur le garçon son bâton ferré, ou je te brise les côtes !

Le garçon en question se le tint pour dit. Le diable n'a qu'une qualité : il tient ses promesses.

Il y avait foule, ce soir-là, sur les chemins du retour, un beau charivari : beaucoup riaient et chantaient, certains braillaient contre leurs bêtes qui cherchaient dans l'herbe la clef des champs et les cochons criaient, c'est leur usage. C'est au cœur de ce beau remue-ménage qu'un gros gaillard de marchand avisa notre petit porcher qui avait fort à faire avec son troupeau. Cet homme-là, s'il avait le nez rouge, ce n'était pas du vent des montagnes. Et il avait plus de lard sur les os que la plus grosse de ses truies.

– Eh, petit, cria-t-il, quinze cochons, c'est trop pour toi ! Je prends les quinze et tes soucis avec. Combien en veux-tu ?

– Rien de rien, dit le garçon, j'ai ordre de tout ramener au logis. Mes cochons ne sont pas à vendre.

– Eh, pauvre ! Sache que tout s'achète, il suffit d'y mettre le prix. Ton maître gagnera plus qu'il n'a payé.

– Rien de rien. « Qu'il ne manque pas la queue d'un », m'a-t-il dit, et question de paiement, je sais bien ce qu'il en coûte de désobéir !

– Allons, dit l'autre têtu comme pas deux, s'il ne s'agit que de cela, je te laisse les queues. Je ne suis pas voleur, voici les écus.

Il jette une bourse au porcher et, sortant un grand couteau, s'en va couper dans l'instant la queue des cochons.

Il était drôlement arrangé, le garçon, avec ses écus et ses quinze queues de cochons. Les côtes lui cuisaient déjà des coups du bâton ferré. Mais des idées, il en avait des grappes autant que le myrtillier de myrtilles. Il remarqua à côté du chemin une grande narse[1]. Une narse, ça a l'air aussi innocent qu'un champ mouillé, rien

1. Narse : sorte de pré détrempé ou marécage qui a l'apparence trompeuse d'une prairie ordinaire.

que de la mousse et de l'herbe rase, mais il ne faut pas s'y fier. Si vous y mettez les pieds, vous n'en sortirez pas de sitôt, et peut-être bien jamais plus. Le garçon le savait mais il fallait bien échapper aux griffes de son diable de maître. Il se fit le plus léger qu'il put – et à vrai dire, il ne pesait guère lourd – et s'en vint dans la narse planter ses queues de cochons de-ci, de-là comme des salades dans un potager. Il eut bien de l'adresse, et de la chance aussi car il n'y resta pas.

Cependant, son diable de maître arrivait, soûl jusqu'aux oreilles, titubant et ahanant, manquant de tomber à chaque pas.

– Hélas, hélas, pleurait le garçon, hélas, mon maître, quel malheur ! Nos cochons sont dans la narse, là, regardez, on n'en voit plus que les queues.

– Eh ! nigaud, crie le diable, si on voit les queues on peut les tirer. Laisse-moi faire !

Le diable ôte sa blouse et ses sabots et se jette dans la narse. Il saisit la première queue, tire comme un damné et se retrouve les pattes en l'air dans la boue.

– Eh ! doucement, mon maître, crie le garçon, ne tirez pas si fort, vous avez arraché la queue du cochon !

Mais le diable n'entendait rien. Il avança à quatre pattes vers la deuxième queue, tira de même et se retrouva allongé tout du long dans la terre molle. Il s'encolérait, pataugeait, se relevait, retombait et, jurant et soufflant, allait de queue en queue. À chaque fois, il s'enfonçait un peu plus et le vacher, pendant ce temps, pleurait beaucoup moins. La dernière queue, le garçon l'avait plantée dans une motte au beau milieu de la narse. Le diable ne lâche pas ses sous si aisément. Il lui restait un cochon, celui-là au moins il le gagnerait. Il poussa sur ses jambes, sauta et retomba sur la motte au cochon. Or, sous la motte, il n'y avait que de l'eau et il s'enfonça si profond qu'on ne vit plus bientôt sortir que sa queue de diable.

D'ailleurs, à ce qu'on dit, elle y est encore, et si dans nos montagnes il y a bien du pauvre monde à tirer le diable par la queue, ça n'est pas cette queue-là...

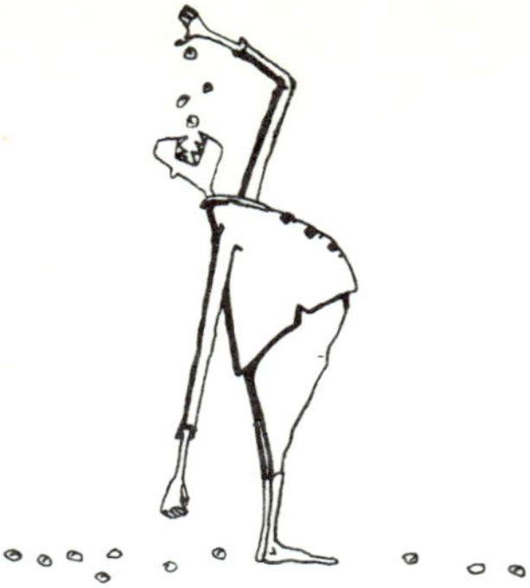

# LES CROQUEURS DE NOIX

C'étaient des gredins de la bonne sorte, le Baptiste et le Pascal. Pas trop prompts à l'ouvrage, plus disposés à boire le lait qu'à traire la vache et avec ça, chapardeurs en diable. Mais par ailleurs, bons camarades, francs rieurs et toujours prêts à rendre service pourvu que ça ne leur coûtât ni sous ni sueur.

On ne les voyait pas souvent remuer bras

et jambes, sauf à l'époque des noix, parce qu'ils étaient juste un peu plus gourmands que fainéants. Seulement, pour gauler[1] les noyers, ils avaient tout ce qu'il fallait, excepté les noyers. Aussi s'occupaient-ils des noyers des voisins, ce qui était bien gentil, sauf qu'ils oubliaient de demander l'avis des voisins. Et, voyez comme ils étaient délicats : ils faisaient leurs petites affaires la nuit pour ne pas déranger le monde. Ils se couchaient à l'aube et dormaient jusqu'au soir. Chaque année, ils étaient exacts au rendez-vous des noix. On en avait même fait un dicton dans le pays : « Baptiste et Pascal au lit à midi, les noix sont mûres ! »

Ah, ils en faisaient de belles, nos deux compères, avec leurs noix ! Aussi, une fois,

1. Gauler : battre un arbre avec une longue perche (la gaule) pour faire tomber les fruits.

après avoir fait bonne récolte, ils s'étaient installés derrière les murs du cimetière pour partager leur butin. Il n'était pas question que l'un eût plus que l'autre, aussi comptaient-ils les noix une à une à haute voix :

– Celle-ci pour toi, celle-là pour moi. Celle-ci pour toi, celle-là pour moi... etcetenoix, etcetenoix...

Clac et tac et tac et clac, les noix tombaient dans les sacs.

Qui va là soudain le long du cimetière ? Le sacristain qui revenait de l'église parce que sainte Barbe lui était apparue dans son sommeil pour l'avertir qu'un feu couvait dans le clocher. De feu, en vérité, il n'y en avait pas plus au clocher que sous les ponts de la Dore et notre sacristain s'en retournait en maudissant sainte Barbe et sa mauvaise farce. Et voilà qu'il entend une voix derrière le mur du cimetière. C'était la voix de Baptiste qui comptait :

– Celle-ci pour toi, celle-là pour moi. Celle-ci pour toi, celle-là pour moi...

Il fut pris aussitôt d'une si grande frayeur qu'il détala à toutes jambes et s'en vint chez monsieur le curé, hors d'haleine :

– Monsieur le cucu..., monsieur le réré..., balbutiait-il, les diables sont au cimeme... au cimetière à se partager les âmes de nos dédé... de nos défunts. Et clac et tac et tac et clac, on enen... on entend même les os qui clacla... les os qui claquent !

– Allons, mon ami, dit le curé en bâillant, tu as dû faire un mauvais rêve. Va donc dormir, nous en reparlerons demain.

Mais le sacristain ne voulut pas démordre de ses diables et il fallut bien que le curé y allât voir. Curé devant, sacristain derrière, voilà nos gens d'Église près du cimetière.

Clac et tac et tac et clac, les noix tombaient sur les noix et la voix de Baptiste continuait de plus belle :

– Celle-ci pour toi, celle-là pour moi. Celle-ci pour toi, celle-là pour moi...

Et soudain, la voix du compère Pascal se fait entendre :

– Je vais chercher les deux autres qui sont derrière le mur.

Ils ne songeaient ni à curé ni à sacristain, nos voleurs, mais à deux autres sacs de noix qu'ils avaient laissés sur le chemin, parce qu'ils étaient trop chargés. Nos gens d'Église, cependant, ne l'entendirent pas de cette oreille, ils se croyaient déjà en enfer, celui-ci avec un diable, celui-là avec un autre. Curé devant, sacristain derrière, ils filèrent comme des lapins sans demander ni que ni quoi. Ma foi, s'il y avait eu le feu à l'église, ils auraient couru moins vite...

# TOINOU ET LE SIFFLET JOLI

Tournoël, Chavagnac, Cordes, La Bastide, Alleuze, Usson, perchés ou cachés, gras ou maigres, il y a autant de châteaux en Auvergne que de lacs, de puys ou de forêts. Quand il y a des châteaux, il y a des seigneurs, et les seigneurs d'Auvergne étaient comme les autres : chacun essayait de prendre le château du voisin. Pour y parvenir, il y a toujours eu, ma foi, deux manières :

par la force avec des soldats et des armes – c'est assez bête, n'est-ce pas ? – ou par la douceur, en épousant par exemple la fille du seigneur – c'est plus malin. Tenez, je vais justement vous conter comment Toinou le berger, un gentil rusé, devint seigneur de cette bonne façon-là.

Le châtelain du pays avait une fille de vingt ans qu'on disait la plus belle du monde, et coquette et malicieuse à l'envi. De prétendants, elle ne manquait pas bien sûr, mais elle ne savait choisir – à moins qu'elle fût bien aise de ne pas choisir et de se distraire de ses galants. Vint un jour où son père décida qu'elle devait une bonne fois se trouver un mari. Quand on sut que la princesse était à marier pour de bon, un troupeau de jeunes messieurs délicats, poudrés, enrubannés et chapeautés de belle manière accourut de tous les châteaux d'Auvergne.

Notre Toinou, qui était curieux comme une belette et pensait prendre du bon temps, eut l'idée de se mêler à la foule des prétendants, moins pour tenter sa chance que pour voir la fête ; il savait en effet que tout beau garçon qu'il fût, on ne le regarderait pas. Il chaussa ses sabots du dimanche et se mit en chemin.

Alors qu'il approchait du château, il croisa une petite vieille toute maigrelette qui portait un fagot bien trop lourd pour son dos brisé par l'âge. Toinou était bon garçon, il fut remué jusqu'à l'âme des efforts de la vieille.

– Eh, mamie, voilà qui est bien trop lourd pour vous ! lui dit-il. Donnez-moi donc votre fagot, je vous le porterai.

Il prit le fagot dans un bras et la vieille dans l'autre, car il était fort et souple comme pas un, et mena le tout où il fallait, chantant et riant à son habitude.

La vieille le remercia et, au moment de prendre congé, lui offrit un joli petit sifflet de bois. C'était bien gentil mais des sifflets, le berger n'en manquait pas et savait mieux que personne tailler une branche de sureau pour en faire. Pourtant c'était un cadeau du cœur, il embrassa la vieille et mit le sifflet dans sa poche.

Lorsqu'il eut trouvé le moyen de se glisser dans la cour du palais – il eut vite fait, il était plus riche de malice encore que de bonté –, il prit sa place dans l'assemblée des jeunes messieurs qui en voulaient aux beaux yeux de la princesse. Il fut bien un peu moqué avec ses galoches et sa blouse mais ça ne l'empêchait pas de chanter. Qui a l'habitude des loups ne craint pas les roquets, même couverts d'étoffes et d'or.

Ce fut une grande émotion quand la princesse parut sous le dais[1] qu'on avait dressé devant le donjon. Les petits messieurs tout en dentelles et broderies se haussaient, se poussaient, se tiraient, chacun voulant attirer sur lui l'attention de la belle. On annonça que la jeune fille lancerait trois pommes d'or et que celui qui en attraperait une ferait son mari.

La première pomme vola bien haut. Nos prétendants tout empêtrés dans leurs habits de soie et, à vrai dire, plus habiles de la langue que de la main, la laissèrent retomber lourdement sur le sol.

La deuxième pomme vola plus haut encore. On eût jeté une pierre dans une basse-cour que cela eût donné le même

1. Dais : sorte de tente suspendue au-dessus d'un trône.

résultat. C'était à qui courrait le plus vite pour ne pas prendre la pomme sur la tête.

La princesse, fort dépitée du spectacle, lança la troisième pomme à tout hasard. Et l'on vit notre Toinou, vif et souple comme un cabri, bondir au-dessus des têtes ahuries et saisir la pomme dans les airs aussi aisément que s'il se fût agi d'une balle de son. Il riait de bon cœur, le berger, du joli tour qu'il venait de jouer.

La princesse riait un peu moins. Il était beau garçon, l'attrapeur de pomme, soit, mais un berger tout de même ! Elle n'avait pas prévu ce coup-là. Un qui faisait plus mauvaise mine encore, c'était son père. Il commanda qu'on lui amenât le vainqueur.

– Tu es adroit assurément, lui dit le châtelain en pinçant les lèvres, mais ne t'imagine pas qu'on devienne pour si peu fils de seigneur. Accomplis seulement les trois épreuves que je te dirai et on en reparlera.

Toinou avait sa fierté et la fille était décidément fort jolie... Il accepta.

– J'ai là cent lièvres, dit le châtelain. Tu iras les garder dans les bois le jour durant et me les ramèneras tous au château avant la nuit.

– Essayons voir, dit simplement Toinou.

On fit sortir les lièvres et dans la minute, les voilà partis à tous les diables à cours-que-veux-tu. La fille et le père faisaient soudain meilleure figure. Ils se croyaient tirés d'affaire.

Mais Toinou descendit tranquillement près de la rivière qui courait au bas du château, il s'assit dans l'herbe et sortit de sa poche le sifflet de la vieille. Trois coups du sifflet joli et voilà qu'aussitôt les cent lièvres reviennent se blottir près de lui comme des moutons.

On rapporta la chose au châtelain qui n'en crut pas ses oreilles.

– Ah, dit la princesse, laissez-moi faire.

Elle se déguisa sur-le-champ en bergère, monta sur un âne et descendit à la rivière voir Toinou. Toute déguisée qu'elle fût, elle restait princesse et notre Toinou la reconnut bientôt, sans toutefois le laisser paraître.

– Bonjour, berger, dit la prétendue bergère, me vendras-tu un de tes lièvres ?

– Hélas, dit le berger, ces lièvres ne sont pas à moi. Ils sont au maître de ce château que vous voyez là-haut. Vous êtes bien mignonne pourtant, je pourrais bien faire quelque chose pour vous.

– S'il vous plaît, le pria la bergère.

– Descendez seulement de votre âne et venez un moment près de moi dans l'herbe. Pour un baiser, vous aurez le lièvre.

La bergère jugea que c'était là un gentil paiement. Elle descendit bien vite de son âne et prit, près du berger, la place du plus câlin des lièvres.

Un quart d'heure plus tard, elle partit en emportant son animal. Mais à peine était-elle arrivée à la porte du château que Toinou siffla un coup de son sifflet joli et le lièvre, en moins de temps qu'il ne faut pour le dire, revint à son berger.

Que fit le père alors ? Il se déguisa en paysan, monta sur l'âne et s'en vint chanter au berger la même chanson.

– Bonjour, berger, me vendras-tu un de tes lièvres ?

– Hélas, dit Toinou qui avait bien

reconnu son homme, ces lièvres sont au vilain châtelain qui habite en ce château qu'on voit là-haut. Mais comme il lui arrive de trahir ses promesses, je ferais bien de même.

– Ah, ah ? dit le prétendu paysan qui ne savait sur quel pied danser.

– Si vous voulez bien seulement donner trois baisers à votre âne sous la queue, vous aurez votre lièvre !

Le paysan jugea que c'était cher payé. Mais, décidément, il ne pouvait donner sa fille à ce berger mal embouché ! Il passa donc sous la queue de l'âne et mit un lièvre dans son panier. Qui y resta à peu près le temps qu'on met à aller de la tête à la queue d'un âne.

Le châtelain, cependant, était plus têtu qu'une buse.

– Eh bien, tu es plus adroit que je ne le

pensais, dit-il au berger. Mais il y a loin de la coupe aux lèvres et tu n'y es pas encore. Tu trouveras dans mon grenier cent boisseaux de pois et cent boisseaux de lentilles que mon intendant a mélangés par mégarde. Tu en feras deux tas bien partagés avant l'aube prochaine.

– Essayons voir, dit simplement Toinou.

Il monta au grenier qui était plein, en effet, de ces pois et de ces lentilles. Il était cette fois un peu chagrin. Le sifflet pouvait bien commander à des lièvres, mais à des pois et à des lentilles ! Pourtant quelque chose lui disait que ce sifflet-là lui voulait du bien. Il siffla donc. Une armée de fourmis sortit des murs, qui lui acheva la besogne en une moitié de nuit.

Croyez-vous que le châtelain voulût enfin entendre raison ? Que non pas ! Il tapa du pied, pesta et ragea tout son soûl puis fit venir le berger.

– Tu peux bien devenir mon gendre ce coup-ci, déclara-t-il, si tu fais ce que je te demande. Tu iras dans ma boulangerie et mangeras tout ce que mon boulanger a cuit de pain pour la journée.

– Essayons voir, dit Toinou qui ne voulait pas céder le pas à ce têtu, tout seigneur qu'il fût.

Pour avaler la montagne de flûtes, de miches et de tourtes qu'il y avait là, il eût fallu, pour le moins, être deux fois ogre. Toinou n'y songea pas un instant. Il siffla un coup du sifflet joli et qui vint à table ? Une armée de rats et de souris, qui ne laissa pas une miette.

– Tu as gagné, reconnut enfin le châtelain, tu auras ma fille. Euh..., ajouta-t-il, il reste seulement une petite coutume à satisfaire avant les noces. Qui ne sait mentir n'est pas bon époux. J'ai là un sac à mensonges qu'il te faut remplir. Essayons voir, je te dirai quand il sera plein.

– Va pour la coutume, dit le berger. J'ai ce qu'il vous faut. Quand je gardais vos lièvres, l'autre jour, votre fille est venue me voir en faisant la bergère et je crois bien qu'elle m'a donné plus qu'un baiser.

– Mon Dieu, le gros mensonge, cria la princesse, voilà le sac à moitié plein !

– Ce n'est rien, continua Toinou, votre père est venu aussi déguisé en paysan et pour avoir un lièvre il a donné trois...

– Arrête ! cria le père en question, que mon sac déborde !

Voilà comment, en mentant sans mentir, notre berger devint prince. Quant à dire que la princesse le regrettât, jugez-en !

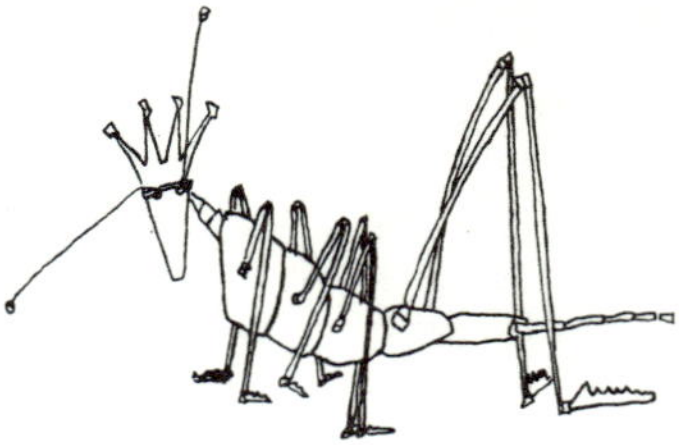

# LE ROI PUNI

Il y a un dicton dans la région du puy Mary qui dit ceci :

*Lune de mercredi*
*Femme barbue*
*Il n'en faudrait qu'une*
*Tous les cent ans*

Eh bien, du roi qui, il y a très longtemps, régnait sur le pays de Condat, au bas des gorges de la Rhue, on aurait pu dire :

*Roi aussi méchant*
*Il n'en faudrait qu'un*
*Tous les mille ans*

Parce qu'il était vraiment méchant, notre seigneur, et jaloux de ses biens, et vaniteux comme pas deux. Heureusement, il fut bien puni, comme vous allez voir.

Un jour qu'il se promenait sur ses terres, de forêts en pâturages et de hameaux en villages, sans doute pour admirer son bien, il rencontra au lavoir une assemblée de lavandières en grande conversation.

– Bonjour, les femmes, fit-il, quelles nouvelles ?

– Ah, monsieur le roi, dit la plus hardie, c'est la bûcheronne du Bois Joli qui vient d'avoir un garçon. Et, sauf votre respect, vous allez rire ! La fée, sa marraine, est venue au berceau et elle a dit comme ça : « Ce fils sera bien chanceux, il épousera la fille du roi. »

Le roi ne rit pas du tout. Il n'était pas question que sa fille épousât le fils d'un bûcheron. Il tourna le dos, très mécontent, et s'en alla de ce pas chez la bûcheronne.

C'était un beau mignon que le nouveau-né, il avait de grands yeux noirs pétillants de malice et de longs cheveux encore plus noirs et tout bouclés.

– Écoute, bûcheronne, dit le roi très aimablement, ma reine vient d'avoir une fille et je voulais un garçon. Donne-moi donc ton gars et j'en ferai un prince.

Prince ou pas, la mère ne voulait pas donner son petit. Alors le roi mit sur la table une bourse de bons écus. La mère hésita. Le roi mit sur la table une deuxième bourse d'aussi bons écus. La mère accepta. Au moins celui-là, se dit-elle, il aura mieux que soupe d'écorces et pâté de sciure !

Le roi posa l'enfant dans un panier et l'emporta. Mais il était méchant, je vous l'ai dit : quand il fut au bord de la Rhue, ni vu ni connu, il mit le panier à l'eau et l'eau l'entraîna.

Vingt ans plus tard, ni plus ni moins, le roi dut partir à la guerre, c'est une occupation de roi. Il voyagea longtemps et arriva dans la plaine.

Alors qu'il longeait un champ, il vit un jeune laboureur. Sa tête lui rappelait quelque chose.

Le garçon avait des yeux noirs pétillants de malice et des cheveux encore plus noirs et tout bouclés !

– Holà ! laboureur, appela-t-il, es-tu d'ici ?

– De la ferme que vous voyez là-bas, répondit poliment le garçon.

– C'est la ferme de tes parents ? insista le roi qui voulait s'ôter d'un doute.

– Non pas, monsieur le roi, dit gentiment le garçon, ceux de la ferme m'ont trouvé un jour dans un panier sur la rivière. Mais ils se sont bien occupés de moi comme de leur fils.

Le roi, l'air de rien, continua son chemin jusqu'à la ferme.

– Bonjour, fermière, dit-il à celle qui était là.

– Bonjour, bonjour, dit la fermière sans faire de grâces.

Elle n'aimait ni les rois ni les soldats. Alors, un roi-soldat, vous pensez !

– Je dois envoyer un message à ma reine, déclara le roi en se faisant le plus doux qu'il pouvait. J'aurais besoin de ton grand fils qui est au champ pour me le porter.

– Holà ! dit la fermière les mains sur les hanches, je ne donne point mon enfant même contre une bourse d'or.

– Prête-le-moi seulement, dit le roi, moi je lui prête un cheval, il n'aura point de fatigue de cette façon.

La fermière pensa qu'en ce temps de guerre il était bon que son fils quittât le pays. Au moins on n'en ferait pas un soldat ! Elle accepta.

Le roi écrivit aussitôt le message que voici :

« Reine, fais tuer sur-le-champ le garçon aux yeux noirs qui te porte ce message. »

Et voilà le pauvre messager qui part au galop vers sa mort. Cependant, il n'avait jamais quitté sa ferme, ce petit. Au deuxième jour, il fut dans la montagne, il rencontra des forêts sombres et sauvages, et il se perdit. Une nuit entière, il tourna et retourna sous les sapins chargés de neige, guetté par l'œil jaune des loups. Il pensait bien être parvenu à son heure dernière lorsqu'il aperçut une lumière dans le lointain. Il s'y dirigea tout droit et se trouva devant une maison de pierre coincée entre des rochers abrupts. Il frappa à la porte.

Ce fut une petite vieille toute maigrelette comme un genêt d'hiver qui lui ouvrit.

– Sainte Tristesse, que fais-tu là, mon petit ? dit la vieille. C'est la maison des brigands, ici. On te tuera.

– Suis déjà à demi mort, répondit le garçon. Advienne que pourra.

Il alla s'allonger au coin du feu sur un banc et s'endormit.

Les brigands arrivèrent. Et voyez-vous, quand l'occasion se présentait, ils n'hésitaient pas à travailler à la maison. Ils commencèrent donc par fouiller les poches du garçon et trouvèrent le billet du roi.

– Ah ! s'écria le chef des brigands qui, vous le devinez, avait bien de la rancune contre ce roi et ses gens d'armes entêtés à lui gâcher le métier, rira bien qui rira le dernier !

Il déchira le message du roi et en écrivit un autre qui ne lui ressemblait qu'à demi :

« Reine, marie sur-le-champ notre fille à ce garçon aux yeux noirs qui te porte ce message. »

Quand le fils de la bûcheronne arriva enfin au château du roi, vous imaginez la surprise de la reine ! Mais elle était habituée à faire les volontés de son roi : elle ordonna aussitôt qu'on préparât la noce ! La princesse et le fiancé aux yeux noirs étaient comme tout le monde : ils ne comprenaient rien à cette affaire de mariage. Il y avait une chose pourtant qu'ils avaient bien comprise tout de suite, c'est qu'ils ne se déplaisaient pas. Le fiancé fit sa cour de bon cœur et la fiancée s'en trouvait fort aise.

Mais voilà qu'il y eut soudain une autre surprise : notre méchant roi, dont la guerre avait tourné court, s'en revenait plus tôt que prévu. Il arriva au milieu de la joie, des guirlandes et des fleurs et, pour arranger le tout, la reine commença par le féliciter du choix qu'il avait fait pour sa fille. C'est que le fiancé avait su plaire à tout le monde, à la reine, à la princesse et même aux servantes ! Que pouvait faire le roi ? Il ravala sa rage et expliqua que, puisqu'il était de retour, on pouvait attendre et qu'il voulait s'assurer un peu davantage des mérites du jeune homme.

– Tu auras ma fille, déclara-t-il au promis, c'est une chose faite. Mais le mariage se fera quand tu m'auras apporté trois écus marqués à la tête du diable.

Autant dire jamais, pensait le méchant bougre...

La princesse, qui voulait fort du mariage, s'évanouit en entendant cela puis elle pleura tout le jour. Le fils de la bûcheronne, lui, ne pleura pas.

– Consolez-vous, ma princesse, dit-il à la pleureuse, je n'ai pas peur du diable. Attendez-moi à la fenêtre. Nous nous marierons bientôt.

Le fils de la bûcheronne se mit en route sans attendre. Il lui fallait cependant trouver la maison du diable et il ne savait pas l'adresse.

« Le diable est riche et paresseux, pensat-il, je prendrai donc le chemin qui descend vers les vallées fertiles. »

Il fit ainsi. Comme il avait marché trois jours et trois nuits, il rencontra un homme qui semblait monter la garde près d'une fontaine.

– Halte-là ! cria le bonhomme, tu entres ici sur les terres de monsieur le diable.

– C'est justement ce qu'il me faut, répliqua le garçon.

– Alors, tu ne passeras que si tu me dis pourquoi cette fontaine est sèche du vin qu'elle donnait autrefois.

– Je suis laboureur, je ne m'y connais pas en fait de fontaine, s'excusa le garçon. Alors j'y réfléchirai et te donnerai réponse à mon retour.

– Qui va au diable n'a pas de retour, dit l'homme.

– Moi si, repartit le fils de la bûcheronne, je suis venu pour revenir car ma mie m'attend à la fenêtre du château.

– Alors passe, répondit l'autre, on verra bien si l'amour est plus fort que le diable. Mais si tu reviens, il faudra me répondre ou tu mourras.

Notre voyageur poursuivit sa route trois jours et trois nuits encore. Et voilà qu'il trouve, près d'un arbre mort, un autre homme qui semblait monter la garde.

– Halte-là ! dit l'homme, tu n'iras pas plus loin si tu ne me dis pourquoi cet arbre qui donnait pommes d'or à foison n'a plus même une feuille.

– Je vous le dirai à mon retour, répondit le garçon, et je ne serai pas long car ma mie m'attend à la fenêtre du château. Si vous me laissez passer, nous vous inviterons à la noce.

L'autre, qui n'avait pas mangé depuis cent ans, ne se le fit pas dire deux fois.

– Mais, à ton retour, il faudra me répondre, ou tu mourras.

Le fils de la bûcheronne continua d'aller trois jours et trois nuits encore. Il parvint enfin à la maison du diable qui était entourée d'une grande rivière brûlante et fumante. Il y avait là un passeur qui dormait dans sa barque.

– Passeur, cria le garçon, me passeras-tu chez le diable ?

Le passeur se réveilla de méchante humeur.

– Tu peux crier tout ton soûl, petit, tu ne passeras pas. À moins que tu ne me dises combien de temps encore je devrai tenir la rame. Voilà mille ans que je passe le pauvre monde chez le diable et je suis brisé.

– Oh ! ça, je le sais bien, dit le garçon qui en savait autant que vous sur le sujet, je vous le dirai à mon retour. Et je ne serai pas long car ma mie n'attendra pas mille ans à la fenêtre du château.

– Monte, dit le passeur, mais à ton retour, il faudra me répondre ou tu resteras à jamais chez le diable.

La maison du diable était toute rouge avec deux tours pointues comme des cornes. Ce fut la diablesse qui reçut le fils de la bûcheronne parce que le mari était à courir le monde. C'était une femme bien laide, barbue et bossue, mais pas si méchante qu'on aurait cru. Le garçon aux yeux noirs lui plaisait bien comme il plaisait à tout le monde, et elle eut pitié de lui quand il lui raconta l'histoire des trois écus, des réponses à donner au retour et de sa mie qui attendait à la fenêtre du château.

– Il ne faut surtout pas que mon diable te voie, dit-elle, il n'aime pas les gentils de ta sorte.

Alors, elle souffla sur le garçon qui fut changé aussitôt en grillon tout noir.

– Cache-toi dans les pierres de la cheminée et laisse-moi faire.

Il était temps. Le diable poussait la porte, râlant et grognant comme dix cochons au foirail[1].

– Ça sent la chair de chrétien, cria-t-il. As-tu eu de la visite, diablesse ?

– Oh non, mon diable, dit l'épouse, c'est sûrement de l'odeur que vous avez rapportée dans vos vêtements.

Le diable, qui était fort las d'avoir couru le monde à marchander les âmes, s'effon-

1. Foirail : champ de foire.

dra dans son fauteuil près de la cheminée et se mit à ronfler.

La diablesse vint se blottir contre son diable et fit mine de ronfler à son tour. Puis elle glissa la main dans la grande poche du diable et sortit un écu.

– Flammes d'enfer, cria le diable en sautant sur son fauteuil, qu'est-ce que c'est ?

– Ce n'est rien, mon diable, c'est moi qui rêvais.

– À quoi, diablesse ?

– À la fontaine qui donnait du vin et qui ne donne plus rien.

– Ah, cette fontaine-là ! Il y a un crapaud, par-dessous, dans le tuyau.

Et le diable de ronfler.

Et la diablesse de glisser la main dans la grande poche et de tirer un deuxième écu.

– Par ma fourche, cria le diable, qu'est-ce cette fois ?

– Eh, je rêvais encore, mon diable.

– À quoi, diablesse ?

– À l'arbre qui donnait des pommes d'or et qui ne donne plus rien.

– Ah, cet arbre-là ! Il y a un rat qui mange la racine. Tuez le rat, la pomme revient.

Et le diable de ronfler.

Et la diablesse de tirer un troisième écu.

– Par mes cornes, cria le diable, arrêteras-tu de gigoter, diablesse !

– Hélas, je songeais au passeur qui ne peut plus passer tant il est las de ses mille années de labeur.

– Eh, nigaud de passeur ! Qu'il mette sa rame dans les mains du premier qui passe et il pourra dormir, s'il n'a pas de diablesse à gigoter à ses côtés !

Le diable et la diablesse cette fois dormirent pour de bon. Quand, au matin, le diable partit à ses affaires, sa dame souffla sur le grillon qui était sorti de son trou et le changea en garçon.

– Voici les écus du diable, dit la diablesse. File ! Que ta demoiselle doit se mourir à la fenêtre du château !

– Grand merci, dit le garçon, et il se sauva.

Au passeur, il donna réponse mais il n'était pas si sot : pas avant d'avoir été conduit du bon côté de la rivière. Puis il marcha trois fois trois jours et trois nuits, il passa l'arbre mort, il passa la fontaine sèche et aperçut enfin le visage de sa belle qui attendait à la fenêtre du château.

– Trois écus, dit le roi en tournant les pièces dans sa main, hum… ma fille vaut plus que trois écus. Va me chercher le restant !

– Hélas, répondit le garçon aux yeux noirs, à un laboureur, le diable ne veut pas donner plus mais à un roi il en donnera mille au moins. Allez-y vous-même, monsieur le roi.

« Bon, pensa le roi, c'est un voyage qui me coûtera moins que la guerre ! »

Le fils de la bûcheronne expliqua bien le chemin et le roi partit. Des écus cependant, il n'en eut pas trop. Ce qu'il eut, ce fut le bois de la rame du passeur qui avait enfin trouvé plus nigaud que lui. D'ailleurs, si vous voulez le voir, allez donc à la maison du diable. Quelqu'un qui en venait m'a dit hier qu'il y était encore...

# La pardonnée

Il y a très, très longtemps, vivait à Naucelles, un petit village des environs d'Aurillac, une jeune orpheline qui se nommait Luce mais qu'on appelait Mongette, c'est-à-dire Petite nonne, parce qu'elle avait grandi près de son vieil oncle, le curé du lieu. Elle était, dit-on, d'une beauté sans pareille mais modeste et douce et bonne autant qu'il est possible. Elle veillait chaque jour aux soins de l'église et chaque jour fleurissait de fleurs nouvelles l'autel de la Vierge Marie qu'elle priait avec ferveur. Sans doute parce que Marie était un peu pour elle la mère qu'elle n'avait pas eue.

Son oncle l'avait instruite patiemment dans la lecture des livres pieux, mais il avait su aussi lui ouvrir l'esprit aux sciences, aux arts et aux beautés du monde. Gourmande de savoir et nourrie d'une foi simple et profonde, Mongette vivait heureuse entre livres et prières, dans l'amitié du vieux prêtre qui la chérissait comme sa fille. Vous imaginez combien de jeunes gens rêvaient en secret de la prendre pour épouse, mais nul n'osait l'approcher car elle semblait ne jamais devoir appartenir qu'à Dieu.

En ce temps-là, la guerre courait dans les pays d'Auvergne et le comte d'Aurillac avait installé à Naucelles une petite garnison. Elle était commandée par un jeune et vaillant capitaine, riche de mille vertus et, ce qui est plus rare chez un homme de guerre, doté d'une douceur et d'une bonté d'âme qui le faisaient aimer de tous. Hugues – tel était son nom – fut bientôt courtisé par tout un cortège de jeunes filles que sa prestance éblouissait, mais il était homme de bien et gardait en toutes circonstances des manières réservées.

Il arriva qu'un dimanche, à la messe, le regard du bel Hugues croisa le regard de la douce Mongette. Oh, ce ne fut qu'un seul et bref regard mais il était de ceux qui nouent en un instant le destin de deux êtres. Ces deux-là étaient nés pour être l'un à l'autre et Dieu ni personne n'y pourraient rien changer.

Le malheur fut que, le lendemain même, le comte d'Aurillac décida de rappeler près de lui le chef de la garnison. Quand elle apprit la nouvelle, la petite Mongette courut à l'église, toute perdue et écrasée de chagrin. Elle s'agenouilla devant l'autel de Marie, à qui seule elle pouvait confier son malheur, et pleura, pleura longtemps. Puis elle posa sur l'autel une rose rouge qu'elle avait cueillie au jardin de son oncle et, à la nuit tombée, sans rien dire à personne, prit la route d'Aurillac.

Comment la douce Mongette put trouver à se loger en la ville et déjouer tous les dangers qui la guettaient à chacun de ses pas, c'est là sans doute un mystère de l'amour. Elle ne fut pas longue en tout cas à rejoindre le beau capitaine. Vous dire le bonheur de ces retrouvailles est inutile et, d'ailleurs, le bonheur ne se raconte pas.

Il advint seulement que ce bonheur-là ne dura pas. Un mois plus tard, le vaillant capitaine fut tué dans une vilaine bagarre de rues alors qu'il était allé porter secours à des gens pris à partie par des brigands. Il mourut, dit-on, en répétant le nom de sa Mongette qu'il avait tant aimée.

Je vous laisse à penser quel fut le désespoir de la jeune fille. Elle pleura toutes les larmes de son corps, pleura des jours et des jours, errant par les rues de la ville, seule et démunie de tout, la pauvrette ! Retourner à Naucelles évidemment était impossible : elle était sûre de n'y rencontrer que mépris et moquerie. Elle savait combien il y aurait de méchants et de jaloux pour lui faire honte de son amour, son oncle même sans doute la maudirait ! Mongette bientôt tomba malade et on la ramassa, un matin, à demi morte sur le parvis d'une église. On la conduisit à l'hôpital. Elle guérit bien vite du froid et de la faim mais elle restait malade de sa tristesse et priait le ciel qu'il lui permît de rejoindre bientôt son ami perdu. Un moine, qui venait chaque jour assister les malades, la prit en affection. Il respecta le secret de son malheur mais, à force de patience, lui rendit un peu de gaieté et de confiance. Quand elle eut recouvré toute sa santé, il lui donna du travail. Elle se mit à peindre avec ardeur des livres de prières, des images et des enluminures, et elle devint si habile que son ouvrage forçait l'admiration des plus exigeants.

Un jour pourtant, elle sentit que quelque chose parlait en elle, quelque chose de mystérieux et d'irrésistible comme un appel secret qui lui disait de rentrer au village, que l'heure était venue de reprendre le chemin de Naucelles. Mais elle avait tant de peur et de honte ! Elle résista d'abord : des voix si nombreuses depuis longtemps se pressaient en elle, les voix de la douleur et les voix de l'amour.

Enfin, un matin, un matin clair lavé par les vents du printemps, elle s'éveilla, allégée soudain de toute peine et de toute honte. Elle partit.

En arrivant au pied de la tour de Naucelles, un peu en avant du village, elle rencontra un vieil aveugle guidé par un enfant. Elle approcha et demanda doucement :

– N'avez-vous pas connu dans ce village une jeune fille qu'on appelait Mongette ?

– Mongette ? dit le vieux dans un grand sourire, mais tout le monde ici connaît la belle Mongette. Tenez, à l'heure qu'il est vous la trouverez à l'église et sûrement devant l'autel de la Vierge.

« Hélas, pensa la jeune fille, le vieil homme ne doit plus avoir toute sa tête. »

Cependant, il n'était plus temps de reculer. Elle continua son chemin et alla tout droit à l'église où peut-être elle trouverait son oncle. Elle crut d'abord que l'église était déserte. Elle se dirigea vers l'autel de la Vierge et s'arrêta, frappée de stupeur. Là, devant elle, à deux pas, c'est elle-même qu'elle voyait agenouillée et priant, une autre Mongette mais avec le même visage frais et innocent, vêtue de la robe qu'elle portait autrefois, avant son malheur.

– Bonjour, Mongette, dit l'autre en se tournant vers elle, je t'attendais.

– Qui êtes-vous ? demanda la jeune fille toute tremblante.

– Je suis Marie, celle que tu as toujours aimée et qui t'a toujours aimée. Personne ici n'a rien su de ton départ. J'ai gardé ta place comme tu as gardé ma place en ton cœur et je te la rends aujourd'hui. Sache que nul ne pèche jamais qui pèche par amour.

Et Marie disparut.

Ce n'est qu'à l'heure de mourir que Mongette, qui avait gardé Hugues en son cœur, révéla son triste et beau secret. On grava sur sa tombe ces simples mots : « Ici gît la pardonnée. » Au matin qui suivit l'enterrement, on découvrit, posée sur la pierre, une rose rouge.

# Postface

De puissantes montagnes où le feu ne dort que d'un œil, des forêts profondes, des lacs sans fond, d'immenses prairies mangées de ciel, des gorges bruissantes, des neiges têtues, des vents bavards, des châteaux perchés et des maisons perdues : l'Auvergne, c'est sûr, a été inventée exprès pour les contes et les légendes. D'ailleurs, c'est très simple : chaque puy est un géant endormi, chaque source le chant d'une fée, et sous chaque pierre il y a un diable qui sommeille. C'est pourquoi le mystère est une spécialité du pays comme la choucroute en Alsace ou le nougat à Montélimar.

Mais pour qu'il y ait un conte, il faut

des héros, de préférence rusés, têtus et pauvres, obligés de se battre contre plus fort qu'eux. Les gens de nos montagnes font évidemment très bien l'affaire. Ils ne peuvent avancer d'un pas sans trouver une montagne ou un gouffre devant eux. Il ne se passe pas un jour qu'ils n'aient à affronter la neige, le vent, le froid, la solitude ou le soleil dru de l'été. Et comme tous les pauvres, ils disposent d'une arme absolue : le rêve.

Qu'ont-ils fait tous les soirs pendant des siècles, nos gens d'Auvergne ? Ils ont imaginé que les petits terrassaient les gros. Le forgeron met en fuite le diable de la misère, le fermier vient à bout de l'ogre de l'hiver et le berger épouse la princesse. Tous les contes de ce livre sont la revanche des pauvres. Mais ces pauvres-là sont riches de la rude beauté de leurs montagnes. Vous l'avez peut-être remarqué : si loin que les entraînent leurs aventures, c'est toujours à elles qu'ils reviennent...

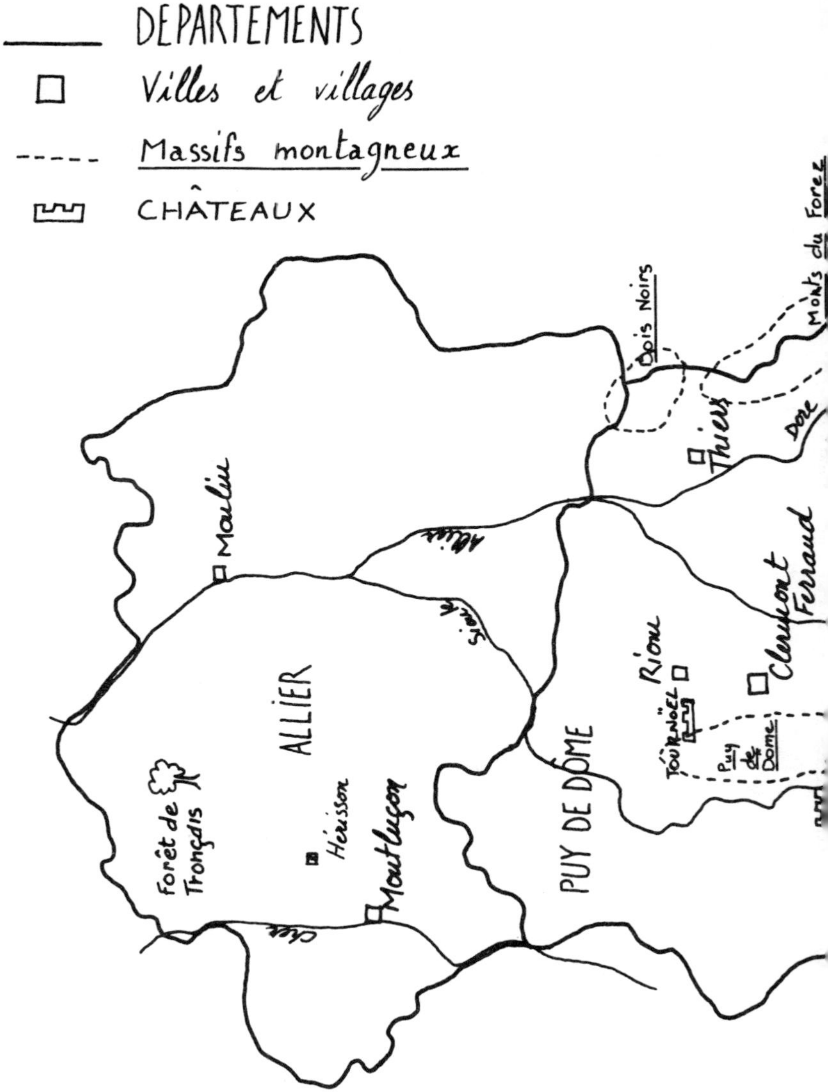
DEPARTEMENTS
Villes et villages
Massifs montagneux
CHÂTEAUX
Monts du Forez
Bois Noirs
Thiers
Dore
Moulins
Clermont Ferrand
Riom
TOURNOËL
Puy de Dôme
ALLIER
PUY DE DÔME
Forêt de Tronçais
Hérisson
Montluçon

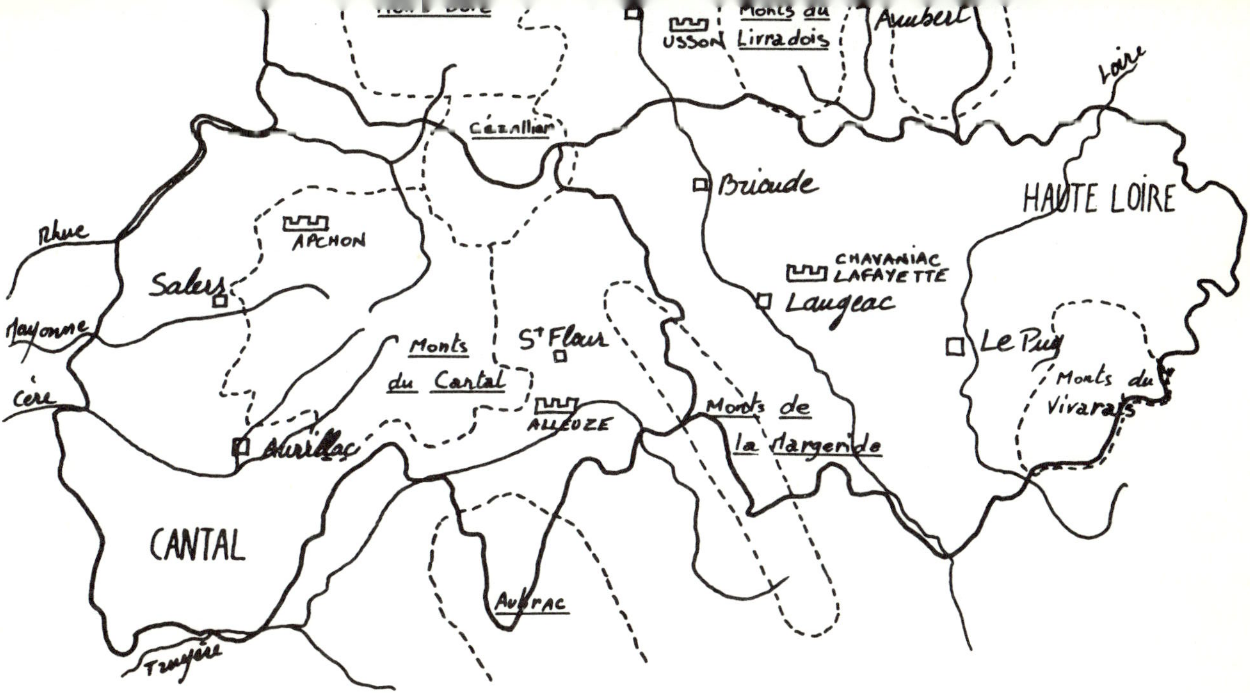
USSON
Monts du Livradois
Ambert
Loire
Cézallier
Brioude
HAUTE LOIRE
Rhue
APCHON
CHAVANIAC LAFAYETTE
Salers
Langeac
Mayonne
Monts du Cantal
St Flour
Le Puy
Monts du Vivarais
Cère
ALLEUZE
Monts de la Margeride
Aurillac
CANTAL
Aubrac
Truyère

# L'Auvergne, c'est sûr, a été inventée pour les contes et les légendes.

De puissantes montagnes où le feu ne dort que d'un œil... des forêts profondes... des neiges têtues, des vents bavards... des châteaux perchés et des maisons perdues...

Elle est haute et rude la terre de nos montagnes, tantôt battue par le vent et la neige, tantôt brûlée par les soleils d'été . Mais depuis toujours, trois choses y poussent et ne cessent d'y fleurir : la gentiane, le genêt et le mystère.

# Le mystère surtout.

*Les bons tours de Plampougnis*

# Il y a donc des moutons dans l'autre monde!

Ils sont à la fée
des eaux qui
est bonne dame
et les donne
volontiers à
qui les vient
chercher.

*François le métayer*

Il marcha d'un bon pas trois jours

et trois nuits,

il franchit neuf montagnes,

neuf forêts

et neuf rivières,

et arriva enfin dans un pays

où tout,en effet, était rouge.

*Le géant du pays rouge*

Plampougnis, le fils du Mauriçou et de la Mauricette,
ne fut pas plus gros qu'un poing d'homme.

"Ah ! Sainte-Fleur !
plus c'est petit plus on les aime."

(...) l'eau qui courait emporta notre Plampougnis.
À peu de temps de là, un loup qui avait soif,
s'en vint à la rivière et sans crier gare,
avala la drôle de grenouille.

*Les bons tours de Plampougnis*

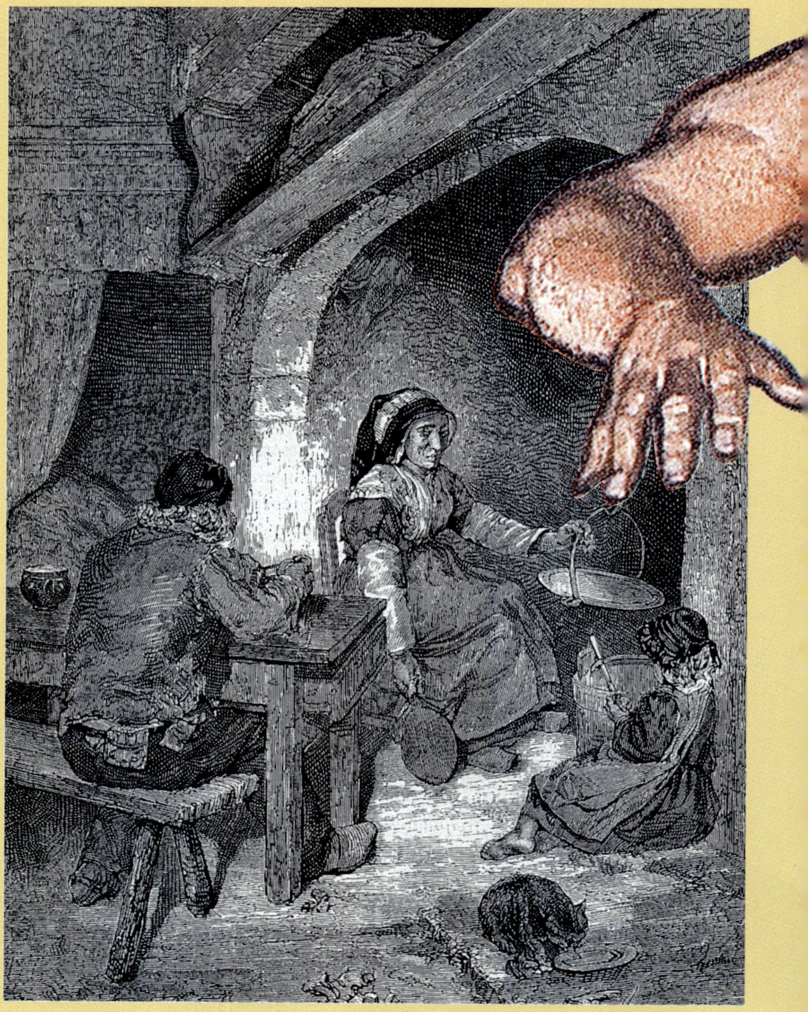

— Monsieur l'ogre viendra d'un jour à l'autre, dit François à sa femme. Débrouille-toi seulement pour avoir une marmite d'eau bouillante sur le feu tout le jour durant. Et laisse-moi faire.

*François le métayer*

Je peux vous dire que la colère d'un ogre affamé, c'est pire que les loups, la foudre et le choléra réunis.

Tu vois ce château, là-haut, au-delà des Bois Noirs, dit le vieux en pointant le doigt vers une pente rocheuse qui surplombait le village, c'est la demeure de la Bête. Nul ne revient jamais qui s'en approche la nuit venue.

*Jean-François Peur-de-rien*

## BIOGRAPHIE

Né à Paris en 1950 dans une famille de six enfants, Jean-Pierre Siméon a eu beaucoup de chance : son père, poète, et sa mère, institutrice, l'ont élevé parmi les livres. Histoires au bord du lit, poèmes, chansons, marionnettes, théâtre : chez les Siméon tout était bon pour rêver et grandir.

À vingt et un ans, Jean-Pierre Siméon a publié son premier livre de poèmes ; il en a écrit une quinzaine depuis et a obtenu le Prix Artaud et le Prix Apollinaire.

Il a aussi publié quatre romans. Il a eu un fils et une fille, eux-mêmes très gourmands de lecture, avec qui il a inventé un conte humoristique et pour qui il a écrit bien des poèmes.

Comme il est formateur d'enseignants et qu'il a publié cinq livres pour la jeunesse, il rencontre beaucoup d'enfants dans les établissements scolaires, les librairies et les bibliothèques.

Il travaille aussi à Cheyne Éditeur où il a publié de nombreux livres, notamment dans la collection « Poèmes pour grandir », et où il dirige la collection « Grands Fonds ».

# BIBLIOGRAPHIE

Si je suis né à Paris, je pense avoir mérité le brevet d'Auvergnat : j'ai parcouru l'Auvergne à pied, à ski, en voiture, en avion et même avec des ânes. J'ai vécu quatre ans dans les montagnes, deux ans au bord d'un lac et vingt-deux ans à Clermont-Ferrand. J'ai dormi dans un buron, fait les foins, gardé les vaches. J'ai grimpé les Trois Sommets : le puy de Dôme, le puy Mary, le puy de Sancy. C'est dans ce livre-là, enluminé de neige, de forêt et de vent, que j'ai d'abord puisé la matière de mon livre.

Les histoires, les anecdotes, les personnages, je les ai empruntés à quelques livres, de papier ceux-là. D'abord les *Contes populaires d'Auvergne* de Marie-

Aimée Méraville (Librairie Maisonneuve et Larose, 1970) et les *Histoires et légendes de l'Auvergne mystérieuse* de Louis Amargier (Tchou, 1969). La lecture de *Entre Dordogne et puy Mary* de Jacques Malloret, le souvenir de *Racines de gentiane* et de *Au bord des puys*, collation de légendes, de dictons et d'historiettes que j'ai moi-même assurée avec mes élèves du collège de Riom-ès-Montagnès en 1980 et 1981, m'ont permis d'ajouter quelques couleurs. Et je ne saurais oublier le tout récent *Auvergne immense et libre* de Patrick Cloux et Joël Damase (Éd. du Miroir, 1995), hymne amoureux aux monts d'Auvergne, d'une éclatante beauté.

# TABLE DES MATIÈRES

## PARMI LES OUVRAGES DU MÊME AUTEUR

*Hypnose et Silence*, Rougerie, 1981.

*Présence abandonnée du corps*, Rougerie, 1983.

*Fuite de l'immobile*, Cheyne Éditeur, 1984 - Prix Artaud.

*À l'aube du buisson*, Cheyne Éditeur, « Poèmes pour grandir », 1985.

*Un essaim amoureux*, Cheyne Éditeur, 1986.

*Trente Élégies de l'ardeur*, Rougerie, 1986.

*La nuit respire*, Cheyne Éditeur, « Poèmes pour grandir », 1987.

*Poèmes du corps traversé*, Cheyne Éditeur, 1988.

*Passage du désir*, Le Castor Astral - L'Aire, 1988.

*Les Douze Louanges*, Cheyne Éditeur, 1990.

*Le Sourire du chien*, L'Aire, 1990.

*Eva R*, L'Aire, 1992.

*Les Petits Jardins*, L'Aire, 1993.

*Le Sentiment du monde*, Cheyne Éditeur,

1993 - Prix Apollinaire.

*La Gentiane d'or*,

Atelier du poisson soluble, 1993.

*La Fabuleuse Histoire de Népomucène, d'Iphigénie et du Poivron flottant*,

Atelier du poisson soluble, 1995.

*Un homme sans manteau*, Cheyne Éditeur, « Poèmes pour grandir », 1996.

## Dans la même collection

*Contes et Légendes d'Auvergne*,
Jean-Pierre Siméon.

*Contes et Légendes de Bretagne*,
Yves Pinguilly.

*Contes et Légendes autour de la Méditerranée*,
Claire Derouin.

*Contes et Légendes du temps des Pyramides*,
Christian Jacq.

*Contes et Légendes de Suisse*,
Christophe Gallaz.

*Contes et Récits de la conquête du Ciel et de l'Espace*,
Christian Grenier.

## CRÉDIT PHOTOGRAPHIQUE

Couverture : Explorer/J. Damase.

Dossier iconographique
1h : J.-L. Charmet, mg : Bios/J.H. Klein, b : M. Souletie ; 2 : J.-L. Charmet ; 3 : Bios/J.-L. et F. Ziegler ; 4 : J.-L. Charmet ; 5 : Léonard de Selva-Tapabor ; 6 : Collection Kharbine-Tapabor ; 7 : Illustration de Charles Edmond Brock/DR/ Léonard de Selva-Tapabor ; 8 : J.-L. Charmet.

Vignettes : Clémentine Allain.

N° d'Éditeur : 10037441 (II) (12) BFFT MC 90°
Dépôt légal Novembre 1996
Loi n° 49 956 du 16 juillet 1949
sur les publications destinées à la jeunesse
MAME Imprimeurs à Tours
ISBN 2-09-282303-5